U0604891

让群众过上好日子

习近平正定足迹

本书编写组

人民出版社

河北人民出版社

出 版 说 明

　　1982 年 3 月至 1985 年 5 月，习近平同志在河北正定工作，先后任县委副书记、县委书记。任职期间，他和正定人民"一块苦、一块过、一块干"，对正定倾注了极大的心血和情感。他住在办公室、吃在大食堂，"渴望尽自己的微薄力量，亲手为他们做一点实在事情"，以"真刀真枪干一场"的实干精神，"敢抓、敢管，敢于碰硬、敢于负责"，在全省率先推行大包干，制定"人才九条"广招天下英才，使正定摘掉了"高产穷县"的帽子，走出了一条"半城郊型"经济发展新路。

　　习近平同志在正定工作期间的思考与实践，充分体现了他在青年时期就具有的坚定信念、为民情怀、改革思维、开放意识、务实作风和责任担当。他在正定期间的创新探索，真切体现了"人民对美好生活的向往，就是我们的奋斗目标"，为我们留下了弥足珍贵的精神财富。

　　为深化广大干部群众对习近平新时代中国特色社会主义思想理论逻辑、历史逻辑、实践逻辑的认识和理解，推动对这一重要思想的学习与贯彻走深走实，我们编写了本书。全书融思想性、纪实性为一体，以讲故事的形式，从心系民生、实干实政、改革创新、扩大开放、重视人才、加强党建、严以律己等方面，真实展现了习近平同志在河北正定工作期间的从政风范和人格魅力，具有十分重要的历史文献价值和现实指导意义，是广大人民群众了解党的领袖奋斗历程的重要读本，为各级领导干部特别是年轻干部在新时代伟大实践中更好担当作为提供了鲜活样本和学习典范。

本书编写组

2022 年 2 月

目　录

目 录

一、我是准备入"苦海"的

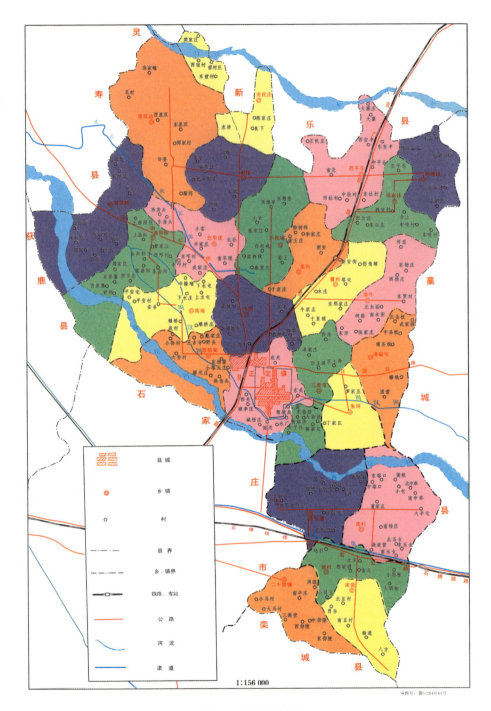

1985 年正定县地图

春回大地，滹沱河两岸沃野添绿。

1978 年 12 月，党的十一届三中全会召开，提出解放思想、实事求是、团结一致向前看，作出把党的工作中心转移到经济建设上来、实行改革开放的历史性决策。改革开放和开创中国特色社会主义的大幕拉开。

从"以阶级斗争为纲"到以经济建设为中心，从僵化半僵化到开启改革，从封闭半封闭到对外开放，结束徘徊局面的中国开始了不懈探索，神州大地焕发勃勃生机。

1982 年 3 月末的一天，一辆吉普车疾驰在石家庄通往正定县城的 107 国道上。车内坐着一位年轻人，他就是到正定县赴任的习近平。

正定县位于河北省石家庄市北部，境内滹沱河横贯东西，京广铁路、107 国道纵贯南北。正定古称常山、真定，自汉以后，长期为郡、州、府、路的治所，曾是一方政治、经济、文化中心，有"燕南古郡、京师屏障"之称，是我国北方著名的历史文化名城之一。

新中国成立后，正定是我国北方地区第一个粮食亩产"上纲要""过黄河""跨长江"的高产县，每年上缴征购粮全省第一，被树为全国"农业学大寨"的先进典型。1981 年底，全县人口 45 万，工农业总产值 20673 万元，人均收入 140 多元。

车窗外不断闪过农田、村舍，眼前的景色让习近平想起了他 15 岁离开北京到陕西省延川县插队生活了 7 年的梁家河村。

1975 年，习近平离开梁家河到清华大学学习，毕业后到国务院办公厅、中央军委办公厅工作，任国务院副总理兼国防部长耿飚的秘书。

1981 年底，习近平主动提出离开北京到基层任职锻炼，在领导与亲朋好友间引起了不小的震动。

"想下基层可以到野战部队呀！"耿飚这样劝他。

"插队一走这么多年，现在又要离开北京……"亲人们虽未阻拦，不舍之情却溢于言表。

"就算想从政，在北京也可以，何必要自讨苦吃？"有着同样插队经历的朋友发出这样的疑问。

对于这种种关切，习近平是能够理解的。"文化大革命"结束不久，大批知识青年陆续回城，多年艰苦的农村生活让其中一些人产生了"补偿心理"：受了不少罪，好不容易回城了，应该好好享受生活。于是，出现了注重物质享受、追求安逸生活的倾向。

一段时间后，习近平开始思考：难道我们这代人就该用这种方式弥补失去的青春吗？"文化大革命"结束了，人们更应该珍惜改

20世纪80年代正定县城鸟瞰

革开放的时代机遇。作为经历过"文化大革命"的人，更应该挺身而出负起责任，投身改革开放第一线。

然而真正让习近平下定决心、选择从基层做起的直接原因，还是梁家河的乡亲们带给他的触动。离开梁家河后，习近平同乡亲们的联系从未中断。村里谁家遇到喜事、难事，都愿意写信给他唠叨两句；谁有机会到北京，也会想方设法和他见上一面，说说村里的情况。

慢慢地，习近平心里产生了一种沉重感：自己离开梁家河快七年，党的十一届三中全会召开也三年多了，乡亲们的生活虽说有了一些改善，但变化不大也不快。中国农村还有成千上万像梁家河这样的村庄。什么时候乡亲们都能过上富裕幸福的生活？怎样尽自己的微薄力量，亲手为基层群众做一点实实在在的事情？

面对人们对自己主动要求下基层的关切与担忧，习近平的解释是：在北京，在中央机关，在领导身边，高度有了、视野宽了、信息多了，可离社会、人民群众以及火热的社会实践却有点远了，不接地气了。只有到基层去，到群众身边去，才能真正为他们做一些实事。

"再苦，还能比当年插队苦吗？"他这样安慰大家。

临行前，一些熟人来为习近平送行，其中就有八一电影制片厂的作家、编剧王愿坚。他对习近平说，你到农村去，要像柳青那样，深入到农民群众中去，同农民群众打成一片。

习近平到河北后，向石家庄地委第一书记解峰提出"到最贫困最落后的山区县当一名公社书记"。

"县一级更适合干部干事创业、锻炼成长。我们经过考虑，想分配你去正定任县委副书记。"解峰说。

"正定?"

"是。这是一个好县,不仅是全国'农业学大寨'先进县,领导班子也很团结。"

"我服从组织安排。"

本想从山区公社书记做起的习近平,就这样踏上了前往正定的任职之路。

"习书记,到了。"吉普车驶入正定县委大院,停在一排老旧的平房前,司机对习近平说。

县委大院在古城中心,坐北朝南,历史上即是正定府衙所在。大院门口有几棵老槐树,院里有一座穿堂式组合瓦房,瓦房的北面是两条甬道,甬道中间和两侧,共有三路五排平房,灰砖蓝瓦,南北开窗。

正在值班的县委办公室干事崔时欣听到汽车声,起身从敞开的窗户往外望去,只见车上下来两个人。

"我是省委办公厅的,冯书记在吗?"年纪稍长的来人隔窗问道。

"在呢,我这就去叫。"崔时欣一边答应,一边打量着另一位年轻人:高高的个子,二十八九岁的样子,衣着朴素,神色沉稳。

县委书记冯国强应声从办公室迎出来。

"冯书记,这就是习近平同志,组织上派他来担任县委副书记。"

"近平同志,欢迎啊!"冯国强握住习近平的手说道。

"冯书记您好!我是来学习的,请给我安排工作。"习近平说。

"不急不急,你刚来,先安顿好再说。"冯国强随即交代崔时欣

20 世纪 80 年代正定县委大院外景

带着习近平去已经安排好的办公室。

习近平的办公室在旧平房的西边，十几平方米大小，陈设简单，一张黄色三屉桌、一个两开门木书橱和一张床。由于房间闲置，桌、椅和地面上积了不少尘土。

怕习近平不适应，崔时欣进门时忙解释："习书记，这里条件不比北京。"

"比我插队时好多了。"紧跟在后面的习近平环视了一下说，"打扫干净就行了。"

崔时欣等人忙着打水擦桌子扫地，习近平也挽起袖子一起干。

"这是新来的县委副书记？"

"听说是北京来的高干子弟呢！"

"穿得挺朴素，一点儿也不像大城市的人！"

"大地方来的，能吃得了苦吗？"

……

当时正定县委和县政府领导班子里，不少是新中国成立前参加工作的老干部，忽然来了一位这么年轻的县委副书记，难免引起县委大院里人们的好奇和议论。

他们怎么会理解这个年轻人自愿放弃舒适生活到基层工作的想法？习近平早已做好思想准备："只要我愿意，我的生活可能比绝大多数人过得都舒服，可那有什么意思呢？""只想着过舒适的生活，是平庸的追求。我是准备入'苦海'的。"

在梁家河，习近平种地、拉煤、打坝、挑粪，什么累活脏活没干过？什么苦什么难没受过？艰苦的磨炼使他的意志更加坚定。习近平对人生有深刻的思考：人生实在太短了，一个人真正干事业的时间更短。在这么宝贵的时间里，来不得一刻荒芜，来不得一点嬉皮笑脸。

他曾经这样吐露心声：我渴望尽自己的微薄力量，亲手为他们做一点实在事情，但在远离他们的地方作愿意为他们献身的清谈，我心里觉得空，不踏实，我感到了一种呼唤。在生我养我哺育我的人民身边，和他们一起为理想、事业奋斗，那就是我在生活中的位置。于是，我来了，在人民中间来寻找我的价值。

他相信，只要迎难而上，保持韧劲，就没有解决不了的问题，没有克服不了的困难。

正定，对习近平来说是新的开始！

二、把百姓的事放在心里

顶住压力减征购

1982 年 4 月初的一天，紧邻县城的永安公社三角村大队部院子走进了几个推着自行车的人。

"这是习书记，到你们村转转，了解了解情况。"有人向迎出来的大队干部介绍身边个子最高的年轻人。

就任县委副书记后，习近平开始骑着自行车走村串户，调查研究，了解县情。全县第一个粮食亩产过千斤的三角村，是他调研的首站。

出了大队部，习近平和站在街头的群众拉起了家常。他穿着一件旧军装，说起话来不紧不慢，尤其是说起农时农事，一点都不外行。聊着聊着，大家的话匣子就打开了。

习近平没想到的是，说起生活上的困难，群众提的头一件竟是"粮食不够吃"。

"一年干下来，从年头吃不到年尾。"

"口粮按人头儿分，越是壮劳力多的户越不够吃。倒是谁家孩子多，还能勉强闹个肚儿圆，要不人家咋说'紧干慢干，不如生个肉蛋'呢？"大家发出一阵哄笑。

习近平的眉头却皱了起来："不够吃咋办？"

"谁家不够吃了，就偷着去新乐、无极、藁城的村里换红薯干儿吃。"

"1 斤粮食能换三五斤红薯干儿，总比饿肚子强。"

听着大家七嘴八舌倒苦水，习近平关心地追问："村里这样的人家多吗？别的村也这样吗？"

说话间，人群旁过去几辆自行车。一位社员抬手指着车上驮着的小口袋告诉习近平："你瞧，那准是去换红薯干儿的。"

"近的骑十几里，远的骑几十里。还得偷着去，怕丢了先进村的脸面呢！"有人忍不住叹息，"征购缴得多，手里又没钱买粮，没办法啊。"

大家接着给习近平算了一笔账："1 斤小麦 1 毛 2 分，1 斤玉米 8 分，七扣八扣，1 亩地最多收入 60 多块。棉花 1 斤 1 块多，1 亩地能收至少 100 多块。你说，光种粮食，老百姓手里哪能有钱？"

作为粮食高产县，正定每年征购任务高达 7600 万斤，缴完征购，再扣除种子、饲料等，留下的口粮不够老百姓填饱肚子。保征购是政治任务，必须完成，农民在地里只能上茬种小麦，下茬种玉米，连棉花都不能多种。

1981 年，全县人均收入仅 140 多元，每天只有 4 角钱。

从三角村调研回来没多久，一天晚上，看到县委副书记程宝怀的办公室还亮着灯，习近平推门进去。

"老程啊，领导说让我到正定任职，是给我选了一个'好县'。依你看，什么是'好县'？"

程宝怀脱口而出："咱正定就是好县啊！"

他给习近平讲了三个理由：一是对国家的贡献大，每年上缴征购粮全省第一；二是县里领导班子很团结；三是全国"农业学大寨"先进县。"像三角村，更是先进中的先进，全国各地都来参观学习呢!"

习近平听后笑了:"老程啊,我认为,是不是'好县'应该以老百姓生活得好不好来衡量。你刚才说的三角村,亩产过千斤,可农民还吃不饱,偷着到外县换红薯干儿吃。这些事,你了解不?"

"我了解。"程宝怀说。

习近平分析道:"我觉得正定当前的现状是经济上农业单打一,农业上粮食单打一。缴的粮食越多,群众收入越低,咱们实际是个'高产穷县'!"

继而,习近平郑重地说:"我们应该向上级反映一下,争取减少一部分征购。"

为什么习近平如此关注"高产穷县"?在一次县委的小型座谈会上,他进行了解释:"绝不能光讲粮食生产、光讲高产粮,不讲经济效益。""如果解决不了这个问题,咱们这些领导对不起江东父老。"

高征购导致群众吃不饱,并不是三角村甚至也不是正定独有的。向上级反映高征购问题,不少人有担心,认为会损害正定这个全国"农业学大寨"先进县的形象,又怕惹得上级领导不高兴,挨批评,也怕对习近平个人政治前途有影响,往轻里说是思想觉悟低,往重里说可就是政治立场问题了。

对这些顾虑和担心,习近平的回答是:党的十一届三中全会提倡实事求是,同中央保持一致,就应实事求是地反映群众心声,反映现实问题。

习近平的想法与县委副书记吕玉兰不谋而合。于是,他俩一起向相关部门反映这一问题。

很快，上级组成的联合调查组就进驻正定，进村入户下田，找了 100 多名干部群众了解情况。经过核查，调查组把正定粮食征购的实际情况摸清了，认为反映问题属实。当年，全县粮食征购任务减少了 2800 万斤。

从此，正定农民的饭桌上少了红薯干儿，多了白面馒头。

试点改造连茅圈

改革开放和发展商品经济的客观环境，迫切要求加强社会主义精神文明建设。在党中央的重视和领导下，20 世纪 80 年代初，"五讲四美三热爱"① 活动广泛开展起来。

"我们在改善城乡环境卫生方面，取得了很大成绩，长期的'脏、乱、差'局面有所改观，人们的精神面貌也发生了变化。"1982 年 12 月，分管教科文卫和精神文明建设的习近平，在全县精神文明建设先进集体和先进个人代表会议上对城乡环境卫生工作进行了总结。

在这次会上，习近平又提出了下一年治理"脏、乱、差"的重点。治"脏"方面的头一项工作，就是改造连茅圈。

连茅圈在华北农村大量存在，农户的厕所与猪圈连在一起，粪

---

① 五讲：讲文明、讲礼貌、讲卫生、讲秩序、讲道德；四美：心灵美、语言美、行为美、环境美；三热爱：热爱祖国、热爱社会主义、热爱中国共产党。

便直接流入猪圈，很不卫生，还容易引发疾病。连茅圈改造是上级统一安排的工作，正定把它纳入城乡环境整治，由习近平负责。

对这项工作，上级和县里一些干部主张"一刀切"，快刀斩乱麻，直接强制改造，早点完成任务。

但习近平没有这么做。他认为不考虑现实情况，强制性地把群众家的猪圈和厕所隔离，会引起反感。就算直接铺开搞、突击搞，可上头人一走，老百姓马上就可以把连茅圈改回去——拆几块砖头还不容易吗？肯定会有反复。要完成这项工作，首先得让大家在思想观念上接受才行。

经过慎重考虑，习近平决定先选两个大队进行试点，并亲自包了其中一个点——吴兴公社吴兴大队。

推进的办法，先从思想动员开始。

在吴兴大队，习近平采取广播、黑板报、开会动员、骨干带动，以及登门入户做工作等多种形式进行发动。一时间，学生走街串户、党团员带头包户、干部亲自示范，让改造连茅圈的好处和方法家喻户晓。

群众明白了，工作就好办。十多天下来，全村 1227 个连茅圈就全部改造完毕。

"今冬明春，县、社抓的文明村试点，县直、社直以及公社所在的大队，都要改造完成，明年底全县要改过来。"习近平在全县精神文明建设先进集体和先进个人代表会议上，对改造连茅圈工作提出了新目标。

他对试点中暴露出来的主要问题做了有针对性的布置，并提醒大家，改造连茅圈的主要问题是搞好宣传和粪便的净化处理。"各社队要明确专人负责淘粪，选择好场所及时进行净化处理。"

"改厕的形式可以多种多样，但标准一定要高，不能凑合。"习近平一再嘱咐，"要高标准地抓好试点，没有高标准的试点，就没有高标准的面上工作。今后评比，没有完成改造连茅圈任务或标准不高的，不能算社会主义新农村，不能评为先进。"

任务和要求布置下去了，可过了一段时间，地区开汇报会，正定因为没有大刀阔斧"一刀切"，在会上被点了名。

会一结束，县里同去的一位干部跟习近平说："你看，上面催得紧了，咱们抓紧弄呗？"

习近平摇摇头："那种'运动式'的做法劳民伤财，推广越大，损失越大，群众也不会满意。咱们国家在这方面吃的亏还少吗？"

"那咋办？"这位干部有点为难。

"没关系，我去解释。"习近平说。

后来，习近平向地委领导汇报，把情况讲清楚了。

改造连茅圈前，在习近平的大力推动下，正定开展了一系列环境治理。

1982年麦收时节，习近平带着县委办公室的工作人员下乡调研，刚出县城西关，就发现了一个问题——一整条平整的柏油路被打场晒粮的占满了。接着又转了县城周边的公路，发现很多邻近公路的大队都有这样的习惯，甚至连107国道也晒上了粮食。

习近平还看到，有的公路上有土堆粪堆，路旁支棚建房、摆摊设点的也不少，这让本就不宽的马路更加狭窄拥挤。公路上，汽车、拖拉机只能慢慢往前开，马车、自行车则见缝就钻，交通十分混乱，而且人来人往很不安全。

习近平感到，公路上打场晒粮以及两侧乱搭乱建影响交通的问题必须要解决。

随后，习近平又进行了更深入的调研。石家庄地区有关部门提供的材料显示，因打场晒粮导致车速大减，平时一个半小时跑完的路要多花至少一小时。正定车站街两旁支棚建房、摆摊设点的有25家，棚房多达71间。

正定境内有107国道及正无、正灵等5条干线公路，加上8条通社油路，共计167公里，解决问题的难度可想而知。

1982年7月8日，习近平在全县建设文明路动员大会上，传达了石家庄地区建设文明路会议精神，提出了正定建设文明路的工作任务。他把建设文明路的突破口放在整治公路晒粮上，拿出了一整套推进工作的方案，并进行了详细具体的任务分解。

工作刚布置，反对的声音就来了。

有人说，不在公路上晒粮，麦子不容易晒干，既影响完成夏收和征购入库任务，大家还得吃霉麦子。

也有人说，这么多年一直都是这么干的，群众觉得方便，不让晒了算不算没有群众观点？

更有人质疑，上级号召发家致富，怎么又限制路旁摆摊设点呢？

面对各种意见，习近平亮出了一组细致的调查数据：

全县1998个生产队，只有220个在公路上打场晒粮，没有在路上晒粮的生产队反而提前5天完成夏收和征购入库任务，可见那些说法是错误的。107国道在石家庄地区全长98公里，因晒粮只剩半幅路，司机要增加78次刹车动作，每部车多耗油11.7公斤。

习近平耐心做工作："整治公路晒粮，是更好维护大多数人的利益，不是没有群众观点。拆除公路两旁私搭乱建棚房，是让大家安安全全做生意，不是阻碍发家致富。"

习近平讲得有理有据，反对的声音没有了。县委成立了正定县建设文明路领导小组。经过整治，沿袭多年的公路打场晒粮现象彻底消失，私搭乱建棚房拆掉后，道路也畅通起来。

1982 年 9 月，党的十二大召开，强调在建设高度物质文明的同时，一定要努力建设高度的社会主义精神文明。根据上级要求，正定成立了精神文明建设领导小组和办公室，习近平担任领导小组组长。

精神文明建设应该怎么破题？很多人心中没底。经过思考研究，习近平很快给正定精神文明建设找到了一个抓手——治理"脏、乱、差"，改善城乡环境。

正定县城保留着众多古建筑、老店铺，但大多毁损严重，加上居民农户混居，柴草、秸秆甚至粪土到处乱堆乱放，而且全城没有排污管道，致使污水乱倒、雨水乱流，人们无奈地自嘲："正定城里有'三宝'：破砖、烂瓦、毛毛草。"

县城内交通也相当混乱。车辆不遵章行驶，互不相让，群众还编了顺口溜："大老爷（大卡车）横冲直撞，二老爷（拖拉机）摇摇晃晃，三老爷（驴马车）寸步不让，四老爷（自行车）见缝就上。"

除"四车乱行"，还有"五马闹市"：马路工厂、马路摊点、马路仓库、马路饭摊、马路垃圾堆随意侵占便道。

"我们不能刚刚扔掉'高产穷县'的帽子，又戴上'高产脏县'的帽子。"习近平说。

他亲自到当地驻军某部协调，通过军民共建形式，为清理整治城乡环境增添了一支"生力军"。在机关干部与共建部队共同上街清扫环境卫生的义务劳动中，习近平也拿着大扫帚走上街头搞卫生。

1982年10月16日被定为正定县"全民卫生清扫突击日"。那一天，全县城乡3万多人一起动手，各单位、各部门、各社队、家家户户来了个彻彻底底的卫生大扫除。仅一天时间，就平整清扫街道700多条、填平沟坑1400多个。

"多少年都没有这么干净过！"看到整洁的环境，人们发出了由衷的感叹。

就在习近平忙着把精神文明建设的各项任务制度化、具体化的同时，一些牢骚又出现了。

有些干部说，精神文明建设是"软任务"，现在各项工作这么多，哪顾得上这个，务务虚算了；也有人借口没资金，说搞不成，还是等物质基础雄厚了再说；甚至有人干脆说，这都是些"额外负担"，纯属"形式主义"……

习近平给大家做思想工作，告诫大家："我们共产党人做工作任何时候都不能埋怨条件，而要首先想到自己的努力够不够，至于所谓'没时间'，更是一种遁词。只要我们对精神文明建设在思想上排上位、挂上号，时间就有了。"他认为，精神文明建设是一项实实在在的社会主义建设事业，当然需要许多群众欢迎的好形式。在工作中，我们反对那种脱离实际、劳民伤财、只图表面、不求实效的形式主义，但决不能以此把精神文明建设说成是搞形式主义。

"整修街道，搞好环境净化、美化，既给人以美的享受，又有

1983 年 12 月 23 日，习近平在县城参加军民共建文明县活动

利于身心健康，还方便交通，怎么是形式主义呢？修桥补路，历史上都称为'积德'之行，时至今日，怎么能说是脱离群众呢？何况人民群众都愿意吃好些、住好些、文化生活丰富些。我们搞精神文明建设，实实在在是造福人民的好事。"习近平说。

11月，习近平又安排了全县卫生突击周活动。除了继续搞好文明路建设外，还对环境卫生、公共场所秩序、农村饮用水等多项工作作了安排，要求"集中领导，分片包干，任务落实到部门，限期完成"。

在习近平的大力推动下，垃圾乱丢、柴草粪土乱堆乱放的现象不见了。认真打扫本单位甚至公共场所环境卫生，成了人们的自觉行动。城乡规划的理念被引入正定，县城和很多有条件的社队开始修建下水道、排水沟。

洒水车第一次出现在古城街头，全县第一支专职卫生清洁队开始上岗。县城里，新修建的 27 个垃圾池、11 个公共厕所大大方便了群众的生活。

大街上画出了以往从未有过的人行横道等交通标线，主要交通道口的指示灯架设得更高更醒目了，还出现了正定有史以来的第一批交通警察岗，交警开始上路执勤指挥。

取消占道经营、摆摊设点之后，全县第一个农贸市场在县城西北街中心地段开始营业。这个新式农贸市场占地32亩、280多米长，有80多间售货门脸儿。

商业网点最集中、人员流通量最大的常山街、解放街和县文化馆到隆兴寺一带，被定为"卫生科普街"，进行了集中规划整治维护。

各村普遍平整了道路，71个村装上了自来水，一些公社或大队修建了集体浴池，开办了农村俱乐部、农村简易剧场、体育活动场。

……

正定城乡环境的巨大变化有目共睹。1984年，在全省城镇卫生竞赛评比中，正定以石家庄地区第一的排名，赢得了一面省级优胜红旗。

为小学校舍破败发火

1982年春，习近平分管教育工作后不久，安排了一次对全县学校危房的大普查。

普查的起因是他听到许多群众反映，孩子在家是宝贝，到了学校是乞丐。许多村最破的是学校，甚至流传着"远看像破庙，近看是学校""黑屋子、土台子、泥孩子"的顺口溜。

普查结果令习近平十分吃惊。

全县200多个村的中小学校，竟有3500多平方米的校舍是危房；万余名小学生常年趴在水泥板课桌或者土坯台上上课，4万多名中小学生自带板凳；大部分校舍陈旧，不能遮风挡雨，教室窗户无玻璃，冬天无取暖设备……

由于体制原因，办教育、管学校一直被认为是教育局的事，公社和大队在办学上形成了与己无关的思维惯性。

1982年正定县财政收入才1296万元，用于教育的款项除去教师工资等"大头儿"，已经剩不下多少来维修校舍。

为了扭转这个被动局面，习近平在全县教育工作三级干部会议上提出，打破"教育是教育局的事，与公社、大队无关"的想法，公社和大队也是辖区学校的主管单位，实行"谁家的孩子谁抱"的政策。

会开了，办法也有了，但一年时间过去，落实情况却不如人意。

1983年10月，习近平担任正定县委书记后，他在一份县委《情况简报》上看到，南牛公社南永固小学，教室18间，因房子已经漏天，门窗破烂不堪，一二年级学生已停课一星期。

习近平在简报上批示："南牛公社党委应从南永固小学办学条件问题中，看到与县委要求的差距，采取有力措施，迅速改善小学的办学条件，不然就是失职了。"

随后习近平又看到一份报告，里双店公社博家村小学校舍全是危房。时至深秋，仍有两个班的孩子在露天上课。

习近平坐不住了。

"走，咱们去学校看看。"他叫上分管教育工作的副县长何玉，推起自行车准备到学校去。

没想到，还没走出县委大门，习近平就接到去石家庄开会的紧急通知，便让何玉继续前往，回来向他汇报。

"没有一间房是不漏天的，没有一根房梁是不用棍子顶着的，没有一扇窗户的玻璃是完整的，没有一扇门不是铁丝拧着的……"习近平从石家庄开完会回到县委以后，何玉向他汇报。习近平的脸色逐渐凝重起来。

"其实不只这两所学校，咱们东北片、西北片好多校舍都是这样的。"何玉接着说。

"东北片、西北片不富裕，那条件好点儿的村总行吧？永安公社离县城近，几乎村村经济条件都不错，咱们再找时间去那里看看。"习近平决定实地去考察一下。

"习书记今天发火了！"

1984年3月的一天，习近平骑车下乡回到县委大院不久，不少人便听到这样一个消息。不止一位同行的工作人员说："这可是头一回见习书记发这么大火！"

什么事惹得在人们眼中一向平易近人的习近平如此生气呢？原来，习近平去考察农村校舍，首先到的是北贾村小学。令他没想到的是，一眼看去，富裕的北贾村，小学校园竟然是这样的景象——

坍塌的大门，破败不堪，无人修葺，老师学生从墙上的一个大窟窿进进出出；

一条马车、拖拉机来回轧过的大道就算是操场，嘈杂而且危险；

因为风吹雨淋，十几间教室房顶的瓦片都快掉完了，没有一扇窗户的玻璃是完整的，教室门要关关不上、想开开不了；

育红班的教室里，孩子们挤满一屋子，凳子不够坐，有的孩子只好坐在地上……

"怎么搞成这个样子？这么破败的学校，你们怎么看得下去？"习近平声调有些提高，责问匆忙赶来的校长，"将成为北贾村甚至成为中国栋梁的一代，是在一个什么样的环境下成长的、学习的？

课桌，水泥板的，比凳子还低，你去趴半天试试看！日后，你这里不出人才，倒要出一批驼背、近视眼！"

村干部听到习近平的批评，赶紧解释：村里对学校的改善一直没顾上，不够重视，到时候……

"到什么时候？"习近平打断村干部的回答，"你们今晚就开会落实整改，下星期去县教育局报计划。至少先要有院墙、灯泡、玻璃，有木头的课桌板凳。"

"就你们村的条件，不应该把小学搞成这个样子，完全有条件把学校好好改善。如果一个月内你们还不行动，就要撤你的职！这件事还要告诉乡里，乡党委也要督促过问，否则，他们也要负责任！"

临走时，习近平语气有所缓和："你们呀，对不起你们的子弟。"他语重心长地对村干部说，"要做到全村最好的房子是学校。"

在回机关的路上，他还反复对身边的同志们讲，人命关天，怎么能当儿戏。

此后，他让县委专门发出通知，要求各乡镇、各村抓紧时间，整修校舍，改善办学条件。

为掌握全县校舍危旧情况和修缮进度，习近平一有时间就去学校转。近的骑自行车，远的乘车去，一转就是好几个村。哪个村、哪所学校、哪间教室是危房，危险到什么程度，习近平都在笔记本上一项不落地记了下来。

在听取校舍改善工作汇报时，他会当场点出来：哪所学校哪个教室的窗户修了没有，哪所学校哪排平房的房顶补上了没有……

习近平掌握情况之细，让前来汇报的县教育局局长和校长们很吃惊："习书记咋那么清楚，啥都知道？"

习近平一直记挂着北贾村小学的事。1985年5月，又专程来学校，向校长王正安询问校舍改造的进展情况。

看到新教学楼的设计图纸，习近平问："建新楼还差什么？"

"我们村有两个砖窑和一个水泥厂，现在就缺钢筋。"王正安回答。

习近平听了，扭头交代随行的工作人员记下来，抓紧落实钢筋的事。

此后，在县里支持下，学校从正定县建筑公司拉回来一车平价钢筋。1985年底，1500平方米的二层教学楼建好了。1986年"六一"儿童节，孩子们在新校舍上了第一堂课。

解决群众卖奶难卖菜难

在习近平心里，为群众办实事解难题不分时间、不论大小。减征购、整治环境的大事要抓，涉及群众个人的小事听说了也要管，看到了更要帮。

习近平在一次全县纪检工作会议上说，以全心全意为人民服务为宗旨的共产党人，就必须把党和人民的利益放在第一位，把人民给我们的权力用于为人民服务。

1983年，正定开始发展多种经营，西兆通公社十里铺大队和南石家庄大队两村相邻，在河滩地上一下子养起五六十头奶牛，号称"奶牛村"。

可没想到，随后出现了养牛户卖奶难的问题。那时候村里没有机动车，奶农们挤了奶，只能在自行车后架上驮一对洋铁皮焊的大桶，斜穿石家庄整个城区，到位于获鹿县（今石家庄市鹿泉区）附近的石家庄唯——家奶粉厂去交奶，往返要骑百十里地。

夏天时，大家只是觉得辛苦，可入秋后，奶农们就受罪了。天气越来越冷，白天越来越短，上午挤完奶，骑上车子就往奶粉厂赶，加上排队交奶的时间，每次都要到天黑了才能回村。碰上刮风下雨，路更难走，花费时间也更长。很多奶农最担心冬天下雪，交通中断，挤出的奶不能及时交上。

犯愁的奶农找到公社。公社找奶粉厂商量能不能在村里设个收奶站，没想到厂方却说："弄个收奶站方便了你们，对我们可没有什么好处啊。"

没办法，公社党委书记张五普只得去找习近平。

习近平了解到这一情况，很快找到石家庄市委主要领导，反映了奶农们的难处和愿望。不久，由市里出面做工作在村里设了收奶站，奶粉厂每天派车把牛奶拉走。西兆通从此告别了一桶奶拴住一个壮劳力一天的日子，连附近村里的奶农们也享受到了这个方便。

刚解决了卖奶难，习近平又遇到了菜农卖菜难。

1983年初冬的一天，习近平和何玉骑着自行车去里双店公社调研。他们骑至雕桥庄村附近，看到路边农田里堆着两大堆白菜，很是扎眼。走近发现，一个四五十岁的村民正守着白菜堆发呆。

"老乡，这么多白菜堆在这儿，怎么不拉回去啊？"习近平把自行车往路边一支，上前问道。

"往哪儿拉？去哪儿卖啊？"村民发愁地说。

原来，这是正定全县实行家庭联产承包责任制的头一年，这位农民响应上级号召，搞多种经营，一下子种了八亩大白菜，眼看到了收获季，却找不到销路。

说话的工夫，零零星星飘起了雪花。"要是卖不出去，自家也吃不完，就糟蹋了。"村民说。

"群众刚开始搞多种经营，办法不多，路子不广，不能让老百姓为这种事犯难。"习近平招呼何玉，"咱们到村里去一趟，我打几个电话。"

习近平进了大队部，说明情况后，拿起电话来，开始给县机械厂、油泵油嘴厂和一些县机关打电话，请他们帮忙来收购这些白菜。打过电话，又安慰了这位村民，习近平一行才骑上自行车，匆匆赶往里双店公社。

过了两天，到县城办事的雕桥庄村大队干部告诉何玉，那两大堆白菜都卖光了。

帮助黄石两姐妹补火车票

1983年秋天，两个十六七岁的姑娘来到正定县委办公室，要找一位姓习的同志。

工作人员费了半天口舌才弄明白事情的原委。

前不久的一天，在火车上，铁路工作人员查票，发现这对小姐妹上车没买票。姐妹俩向工作人员解释，自己是湖北黄石人，去唐山投亲未果，身上带的钱也花光了，实在没钱买票回家，一边说一边急得直掉眼泪。

这一幕，刚好被同车厢的习近平看到。

听了姐妹俩的诉说，尤其是看到她们穿得破旧，脸上稚气未脱，习近平主动掏出钱来为她们补了票。

两个姑娘拉着习近平，坚持要他留下姓名地址，说将来一定去还钱。习近平推托不过，只好告诉姐妹俩："我是正定县委办公室的，姓习。"

回到正定后，习近平没有跟任何人提起这件事。

两位姑娘平安回家后，对那位在紧要关头帮助了自己的恩人越想越感激。过了没多久，她们就从家里带了钱，千里迢迢直奔正定。让她们没想到的是，帮助过她们的，竟然是县委书记。

最后，习近平不仅没要她们还的车票钱，还让县委办公室工作人员贾俊华送她俩到石家庄火车站，登上了回家的火车。

习近平一直惦记着两位黄石姑娘，后来还专门询问贾俊华是否知道姐妹俩回家后的情况。他说，不知道那两个家境困难的孩子现在过得怎么样，如果你有消息，请告诉我一下。

这件事，被习近平的母亲齐心写进了怀念习仲勋的文章《仲勋，我用微笑送你远行》中。她十分欣慰，儿子能像父亲一样，"把百姓的事放在心里"。

三、真刀真枪干一场

开发河滩地

解决了高征购问题后，正定提出大力发展多种经营。可全县人均只有 1 亩地，人多地少的矛盾本来就比较突出，再搞多种经营，难免出现与粮争地现象。

土地增量从哪里来？习近平瞄上了县里的河滩地。

滹沱河与老磁河分别自西向东横穿正定，滹沱河在正定境内长 34.6 公里，老磁河长 23.5 公里。河两岸是大片的河滩地，远远望去，高高低低，尽是沙。加上长时间的不合理开发破坏了自然植被，加剧了风沙灾害，沙荒面积达 19.5 万亩。

1982 年 4 月，习近平骑车到西兆通公社调研。

"河滩地你们现在利用得怎么样？"他问公社党委书记张五普。

"现在河滩地主要是种瓜、种菜，种点儿小杂粮，但河滩地种这些东西总是长不好，产量比较低，所以老百姓不太重视。"张五普回答说。

"能不能在河滩地上大力发展速生丰产林和果树？这可以成为群众增收的一条路子。"习近平问。

"河滩地种什么恐怕也不行。有个大队试着种玉米，几亩地掰下的玉米棒子，一个大包就包走了。"张五普告诉习近平，河滩地上种庄稼，投资大、用工多、收成不行，多少年来，当地人并没有把河滩地看在眼里，说它是"腊月三十拾个跑儿①——有它也过年，没它也过年"。意思是，有和没有都无所谓，不缺这一口。

"河滩地可开发利用的面积约15.5万亩，相当于全县耕地面积的小三成。"在习近平看来，只要好好开发，河滩地也能有好收成。

1983年11月1日，正定召开全县安排今冬明春农村工作会议，提出"开发两河滩，加快林果基地建设"，为开发河滩地画出路线图。

会上明确了林业发展的方向：建设速生丰产林、金丝小枣和水果基地，并试验推广粮果、粮桐、粮枣间作。在实施过程中，不要影响汛期行洪。

习近平动员大家："冬季农闲是改造河滩地的大好时机，不可贻误。各社队从现在起就要着手规划，做出安排，发动群众大干一冬，划方修路，平整土地，打井修渠，淘沙换土，为明年栽种果树和速生林木做好准备。明年全县要保证新增果树一万亩，以后每年要增加一万亩，直至把整个河滩地彻底改造成林果基地。"

一个月后，全县发展商品生产三级干部会议召开，将"加快两河滩的开发利用"列为全县重点工作，提出要充分发挥开发性贷款作用，争取明后两年开发完，重点发展苹果和梨，兼种其他果树。

县里号召开发河滩地，不少村民心里却直敲小鼓，担心"竹篮打水一场空"。

---

① 跑儿：当地方言，指兔子。

为消除群众疑虑，正定县委和县政府研究制定了开发方案和优惠政策，出台了《关于放宽发展林业的决定》，在东里双大队开展试点，把河滩地经营权下放到户，并且 30 年不变。

东里双大队位于老磁河南岸，境内几千亩河滩绵延五六公里。一场风刮下来，家家户户屋檐下能攒起一拃厚的沙尘。人们吃饭扒拉一口，满嘴都是沙子。

"种植有自主权，什么卖钱种什么"，大大激发了人们改造河滩地的热情。东里双大队搞起投标承包，把河滩地承包到户。

冬闲变冬忙。"开发河滩地去！"习惯"猫冬"的老百姓纷纷扛起锄头、铁锹走出家门，在河滩地里挖坑、打井、修垄沟。很快，一块块河滩被开发成了"梨树方"——每 84.6 亩地画一个方格，每个方格内打一眼机井，四周栽种速生杨作为防风绿化带；梨树坑刨成 1 米见方，挖去沙土、回填好土，然后才栽下树苗。

在抓试点的基础上，县里统一规划的河滩地改造工程开始全面推开。

"只要因地制宜、科学种植，河滩地也能充分利用好。"有着丰富农村生产经验的习近平给大家支招，"把秸秆、牛粪、杂草按比例和在一起，充分搅拌，填在坑里，盖上好土，发酵之后能够增加土壤的有机质……"

滹沱河北岸的塔元庄大队有耕地 700 多亩，人均仅半亩地，可开发利用的河滩地却有几千亩。

"开发河滩地可是件好事！"塔元庄大队第一时间召集社员开会，把县里的政策传达到位。很快，河滩地分到了户。

"谁开发了，收成就是谁的！"一时间，塔元庄附近的河滩上红

1983年8月，习近平到河北省河间县（今河间市）考察棉花生产

旗招展、机器轰鸣。村民运来好土压沙，干得很卖力气。尽管时值冬天，但不少人干得出了大汗，索性脱了棉袄，只穿件单衣，甩开膀子接着干活儿。

习近平来查看河滩地开发情况，看到火热的劳动场面非常高兴。塔元庄大队党支部书记告诉他："多种就能多得，开发河滩地，看老百姓多积极。"

当年，塔元庄大队开发利用河滩地100多亩，人们在地里种大豆、棉花、红薯、花生等作物。河滩地变模样了——光秃秃的白沙滩，变成了绿茵茵的良田。到了收获的季节，一算账，增产又增收，承包土地的农户喜笑颜开。塔元庄大队社员姚小文因为积极开发河滩地，还被评为县里的劳动模范。

开发河滩地需要科学技术做支撑，习近平提出，科技人员要到农村去。

县林业局果树站技术员翟民英骑上自行车，跑遍全县，给农民讲果树栽培技术。他在塔元庄扎根三年，帮着绿化了2000多亩河滩地。因工作实绩突出，他后来被提拔为县林业局果树站站长。

西兆通公社开始在河滩地大规模种西瓜。按照习近平的建议，公社从石家庄市请来一位种植专家。专家毫无保留地传授技术，河滩地上终于长出了品质优良的西瓜。

除了种西瓜，西兆通公社还开始试着轮种棉花、土豆，并从省里请来果树专家嫁接了红富士苹果，获得了好收成。群众高兴地编成了顺口溜："种土豆真不赖，到石家庄卖得快。一斤卖一毛，十斤卖一块，照其他副业也不赖。"

走"半城郊型"经济新路

20世纪80年代初，石家庄地市尚未合并，正定归石家庄地区管辖，南部和西部与石家庄市接壤。两条铁路、四条公路将正定与石家庄市相连，交界线长达29公里。但受"以粮为纲"的思想束缚，对于这个紧邻省城发展商品生产得天独厚的条件，人们不仅没有正确地认识和利用，反而千方百计加以限制。

省里一个经济部门曾准备在正定投资建设一座工厂，却遭到了县里的拒绝。理由很简单：建工厂就要占地，一亩地就是一千斤粮食呀！结果"财神爷"被别人请走了。

疏远城市的结果是经济落后、农民受穷。特别是当全县提出大力发展商品生产后，这种思想越发阻碍着正定的经济发展。

正定经济如何起飞？习近平思考：需要找到一条新路。

为此，习近平邀请全国著名专家来正定指导农村经济工作，还多次带领县里的干部到经济发展较快的地区学习取经。同时县里组建了11个专题组，用3个月时间对全县商品经济的现状和前景进行了全面深入的调查和分析。

1984年2月8日，习近平主持召开县委工作会议，专题研究如何实现正定经济起飞。他提出，要积极研究探索发展"半城郊型"经济的新路子，开拓有正定特色的经济起飞之路。

"'半城郊型'是什么意思啊？"乍一听，人们觉得新鲜，从前只听说过"城郊型"经济，还真不太理解"半城郊型"经济的含义。

"'半城郊型'经济，顾名思义就是它既具有'城郊型'经济依托于城市、商品生产比较发达、城乡联系比较密切、工农结合比较紧密的某些特点，又具有一般农村经济的某些特点，是两类经济结合的中间型经济。"习近平解释。

正定人多地少，"用单一粮食经营的观点看待它，它就是个劣势。而用'农工商'综合经营的观点看待它，它又是个优势"。习近平举例说，县委和县政府所在的正定镇，处在一个相当于城市郊区的位置。地理上的郊区位置和行政上的非城郊体制，决定了正定必须走"半城郊型"经济发展的道路。

"原来是这么个'半城郊型'啊！"大家恍然大悟。

发展"半城郊型"经济的设想有了，如何抓住关键，落到实处？

习近平动员大家："全县要'一盘棋'，拧成一股劲，坚定起飞的信心，夺取起飞的成功"，"领导作风和工作作风要有一个突破性的变化，就是一定要树立求实精神，抓实事，求实效，真刀真枪干一场"。

他特别提出："我们的任务很重，工作量很大，许多工作相互交织、相互联系，必须科学计划，合理安排，统筹兼顾。各级领导干部不仅要有战术措施，更要有战略思维，成为各个岗位上的战略家。"

习近平有一个生动的比喻，领导干部要"既有老黄牛的品格，又有千里马的气势；既是一个有胆有识的战略家，又是一个脚踏实地的实干家"。

习近平在办公室地图前谋划正定的发展

在习近平看来，发展"半城郊型"经济，首先必须摆脱"小农业"思想的局限和束缚，树立社会主义大农业思想，建立合理的、平衡发展的经济结构。

1984年4月23日，正定县出台了《从实际出发，积极探索有正定特色的"半城郊型"经济发展道路方案》。种植业怎样充分利用空间，养殖业怎样形成合理的产业链，工业怎样大力发展，商业服务业重点发展哪些行业，一目了然。

这个方案引导正定打破行政壁垒，冲开思想禁锢，实行"靠城吃城"，人们的积极性和创造性迸发出来。正定农民开始利用自己的劳力、产品等优势，去叩开城市市场的大门。

"城市需要什么，我们就种什么；城市需要什么，我们就加工什么。"习近平提出了这样的号召。

他鼓励农民种植蔬菜，提出在城关片和滹沱河南片的乡镇试办商品菜基地，积极推广应用塑料大棚、地膜覆盖等新技术。

县里出技术、送地膜、给无息贷款，一下子激发了农民种菜的积极性。西关村的王小辈在全县第一个建起大型温室种蔬菜。大棚里一年四季瓜菜常鲜，他的儿子王道永经常天不亮就上路，自行车后面驮着两筐菜，一天三趟到石家庄市去卖。依靠种菜，王小辈家成为全县首批万元户之一。

连接正定县与石家庄市的滹沱河大桥热闹起来。自行车、拖拉机、汽车载着农副产品、建筑材料、手工制品和各种零配件，从正定涌向石家庄市，来来往往，川流不息。

南村乡一位村民瞅准商机为石家庄市生产劳保手套。他让家人做手套，自己跑销路，每年收入三四千元。

但他并不满足，又联合几户农民集资兴办了生产内墙涂料的化工厂。没几年，他就从一个年年欠债的困难户，变成了"七机部长"，有了洗衣机、电视机、三台缝纫机、两部收音机。

在发展"半城郊型"经济的过程中，习近平总结出"二十字经"：投其所好，供其所需，取其所长，补其所短，应其所变。

滹沱河以南、紧靠石家庄市区的二十里铺、西兆通、南村三个乡近水楼台先得月，成为发展"半城郊型"经济的模范乡。

这一带既与城市联营或协作生产化工原料、机械配件等产品，又直接为城市生产供应服装、家具、牛奶、肉食、食用菌、花卉等，还催生了电器修理、书画装裱、风味小吃等服务。这些不仅方便了省会人民的生活，也使城里的资金源源不断地流向农村，流到农民手里。

模范乡的"半城郊型"经济发展得有声有色，全县其他地方也各展所长。

曲阳桥乡境内有周汉河、大鸣河，水稻是当地重要的农作物。从前，收割完水稻，农民就把稻草堆在院子里，不是当柴火烧，就是用来沤肥。

习近平到曲阳桥乡调研时发现了这个问题，特别叮嘱乡党委书记梁臧仁："要用稻草做深加工，不要浪费。"

稻草深加工好是好，可卖给谁呢？县里提出发展"半城郊型"经济，为曲阳桥乡的稻草制品找到了销路。经协商，石家庄市每年从正定购进50万斤草编品。这下稻草变废为宝，编草绳、做草帘成了曲阳桥乡农民冬天里的好活计，家家户户多了一项可观的收入。

实行开放式　多渠道　少环节的流通体制

在活字快字上做文章　变封闭式为开放式
常州市开办多种贸易中心

四川省商业厅整党中抓改革

冲破思想束缚　放手搞活流通

联营是个宝　产销离不了

发崂山经济区供销社联合服务中心开展综合服务

武汉打破地方保护主义
一批企业在全国选择协作单位

蓝色聚宝盆

《海南纪行》之五

"老实疙瘩"也能发财

合理分工　各展其能

脚踏实地　量力而行

富裕之道

正定翻身记

无由无缚网

"二十字经"

营营大树好乘凉

新一代农民的眼光

1984 年 6 月 17 日，《人民日报》刊发通讯《正定翻身记》，肯定了正定的探索，赞扬正定发展"半城郊型"经济"既为城市服务，又'掏城市腰包'，在服务中发展自己"。

发展"半城郊型"经济，正定实现了不丢城、不误乡、利城富乡。1984 年，正定经济实现了"九翻""十超"，工农业总产值、农民人均收入等九项指标比 1980 年翻一番；粮食总产、社会商品零售总额等十项指标超历史最高水平。

一波三折建起荣国府

1983 年，正定县领导班子中发生了一场争论，争论的问题是要不要建设荣国府实景。

不久前，正定县工商局的两位同志出差，恰好与中央电视台电视剧制作中心的工作人员坐同一趟火车。闲谈间，他们听说中央电视台要拍《红楼梦》电视剧，已经在北京选址建大观园，还有意在北京周边选址搭建荣国府和宁荣街。

正定是我国北方著名的文化古城。此时，习近平正在酝酿发展旅游业，计划把正定建成距石家庄市最近的旅游窗口。听到这两位同志带回的消息，习近平敏锐地意识到，正定的机会来了！

经过与中央电视台电视剧制作中心接触沟通，对方同意荣国府和宁荣街选址正定，搭建临时外景地，由正定无偿提供场地，中央电视台负责投资，计划用 57 万元搭建假景。

"假景经不起风吹雨打，拍完戏一拆了事，不能给正定留下什么，还是得建真景。"习近平看得长远，提出应该把荣国府建成永久建筑，为正定留下一处永久性的旅游景点。

他判断，随着《红楼梦》电视剧的热播，正定的知名度将大大提升，掀起旅游业发展热潮。

但要把荣国府建成实景，需追加投资 300 多万元。一些领导干部想不通，县委班子内部展开了争论。

"隆兴寺门票才由 5 分钱提高到 1 毛钱，建造荣国府需要投资 300 多万元，按隆兴寺的门票价格算，收回投资得要 100 多年！"

"咱们县是'吃饭财政'，哪有钱干这个？"

"风险太大了，万一收不回投资，县里担不起这个责任。"

……

面对反对意见，习近平有自己的考虑：要想把游客留在正定吃、住、玩，带动第三产业的发展，就必须建立更多的旅游、娱乐场所。

习近平跟吕玉兰交换意见。吕玉兰认为，随着经济的发展和人们文化生活需求的提高，旅游业肯定会有一个大的发展。这个机会不能错过。

"有些干部想不通，一时半会儿很难扭过来，慢慢想办法做他们的思想工作。无论如何，正定还是要引进项目才能发展。"吕玉兰说。

心里的疙瘩解开，思想才能统一。

于是，习近平和已任县长的程宝怀以及吕玉兰分头找持不同意见的领导干部讲意义、谈发展，做了大量思想工作。

习近平给大家算账："荣国府不能光卖门票，也不能让游客来看一会儿就走。建了实景，游客不仅能在荣国府参观，还可以在宁荣街吃饭、买纪念品。如果我们正定县只有一个隆兴寺的话，游客一上午就走了，只在此留半天。如果我们再加上荣国府和宁荣街，游客最少能留一天。这一天之内，他要吃喝，要住宿，要消费，这样就把钱留在正定了。"

在随后召开的全县三级干部会议上，习近平说："要用发展的眼光看旅游、长远的眼光看发展，不能只盯着眼前。南方有些地区发展旅游业，带动了第三产业的发展。"

个别谈心，大会动员，提高了认识，统一了思想。县委很快作出兴建荣国府的决定，成立了筹建荣国府的工作班子，将修建地址选在隆兴寺西北角的一片空地上。

思想统一了，可钱从哪里来？

中央电视台出资一部分，县财政拨款 27 万元，剩下的资金缺口还很大。怎么办？习近平想到了石家庄市，想出了找钱的办法。

通过协调沟通，市里的几家大企业入了股——石家庄市红星机械厂入股 42 万元，以门票抵顶的方式吸引华北制药厂投入 25 万元……

资金难题解决了，怎样才能高度还原小说《红楼梦》中规模宏大、五进四合院式的古建筑群呢？这又是一个考验。

正定多次邀请全国知名专家学者就工程施工进行专题论证。著名红学家冯其庸、中国建筑科学研究院工程师杨乃济等应邀来到正定，为修建荣国府现场指导、出谋划策。

1986 年落成的荣国府

荣国府牌楼

最终，磨砖对缝、木刻云盘线……荣国府严格按照具有明清风格的仿古建筑标准修建。海棠、玉兰……就连院子里的树木，都完全按照小说里描述的树种栽种。

荣国府为仿古建筑，共有房屋212间，游廊102间，由杨乃济主持设计。整个府邸，按照西、中、东路修建。西路修建了垂花门、穿堂、花厅、贾母院、凤姐院等；中路修建了府大门、外仪门、向南大厅、内仪门、荣禧堂、后围房等；东路是贾政书房院、贾赦院等。宁荣街则参照乾隆南巡图设计，街上店铺林立、旗幌招展。

要发展旅游业，必须先解决交通不便这个问题。那时，从石家庄市区到正定的长途客车很少，每天只有上午、下午各一班，远远不能满足游客的需要。习近平和程宝怀商量，通过石家庄市政府，把市里的公共汽车引到正定。几经协调，1984年4月1日，石家庄市至正定的201路公共汽车开通了，正定成为石家庄地区首批开通公共汽车的县城之一。

201路公共汽车由石家庄火车站开往正定大佛寺。这条线路共有15辆客车运营，从早晨6点到下午6点，每15分钟发一个班次，票价1.2元，经过市一招、正定火车站、荣国府、凌霄塔等21个站点。

游客和居民方便了，但石家庄地区交通局的领导却不高兴了："正定属石家庄地区管，不归石家庄市。这事超出了行政区划管理范围，是胳膊肘往外拐。"

一时间，201路有停运的危险。为此，习近平亲自出面协调，终于解决了问题，这路车得以正常运营。

习近平一直认为，"不论是改革工作，还是经济工作，要说一件，干一件；干一件，成一件。不能说了不做，言而无信。不能有始无终，虎头蛇尾。更不能华而不实，弄虚作假"。

"金门玉户神仙府，桂殿兰宫妃子家。"1986 年 7 月，荣国府落成；8 月底，宁荣街竣工。

之后，《红楼梦》电视剧剧组在荣国府工作了近两个月，拍摄了两千多个镜头，"元妃省亲""秦可卿出殡"等重头戏都在这里拍摄。

电视剧还在拍摄中，荣国府就火了。1986 年国庆节，游客排到了 1 公里以外，超过 1 万人次。开放当年，荣国府吸引了 130 万人次前来参观，门票收入达 221 万元，旅游总收入 1768 万元。这极大地带动了正定旅游业的发展，创下了旅游业的"正定模式"。

为万元户颁发"率先致富奖"

"率先致富奖，甘国田、刘成永……"

1985 年 1 月 20 日，正定县招待所的会议室里，一场气氛庄重又热烈的全县三级干部会议正在进行。与以往不同，这一次，表彰先进是会议的一项重要内容。

令与会者感到新鲜的是，表彰名目叫县委书记、县长奖，奖项有"伯乐奖""自学成才奖""特别奖"，甚至还有一个"率先致富奖"。表彰对象既有种花、养鸡的普通农民，也有干个体、办私营企业的小老板。

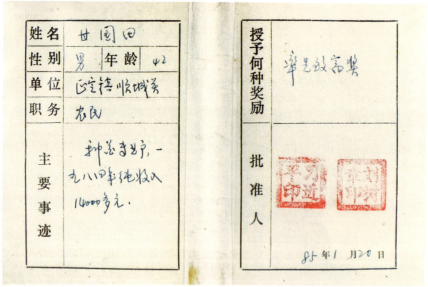

姓名	甘国田		授予何种奖励	率先致富奖
性别	男	年龄 42		
单位	正定镇顺城关			
职务	农民			
主要事迹	种养卖花卉，一九八四年纯收入14000多元。		批准人	85年1月20日

1985年1月20日，正定县农民甘国田荣获的"县委书记　县长奖励证书"

"县上发的奖，上面还有习书记的名字呢！"领奖回家半天了，甘国田还把证书拿在手里，看了又看，摸了又摸。

红色证书封皮上印着"县委书记　县长奖励证书"字样。内页上写着：甘国田，男，42 岁，正定镇顺城关农民，种花专业户，一九八四年纯收入 14000 多元。授予率先致富奖。批准人：习近平（印）、刘树章（印），85 年 1 月 20 日。

"真好，真好！"甘国田的媳妇刘小果也接过证书打量着，笑得合不拢嘴。

习近平认识甘国田，是因为月季花。那时，习近平提出发展庭院经济，通过搞试点、开现场会引导人们在自家庭院里搞副业。一批致富能手出现了，他们有的在院子里养鱼、种花，房顶上种菜；有的在院里建起大棚，冬天种花和错季菜。

甘国田就在自家半亩地大的宅院里种起了月季花。集市上，月季花算得上稀罕物，一盆花能卖 3 到 5 块钱。甘国田家除了房子，几乎都种上了月季。从小院到自家农田，再到荒滩地，甘家种月季花规模越来越大，名气越来越响。1984 年，甘国田销售月季苗 3 万多株，成为正定首批万元户之一。

习近平先后几次到甘国田家。

一次是在一个冬天快中午的时候来的。那天，甘国田的儿子甘语录听见院外有人打招呼，开门一看，习近平带着几个干部走进了院子，闻声而出的甘国田赶紧把大家让进屋里。这一聊就是一个多小时。

一次是在月季花开的时候来的。习近平在甘国田家的院子里走了一圈，仔细看了看月季花的长势。

以前只有劳模受表彰，谁知道在院里种个月季花，成了万元户，也能当先进、上台领奖？甘国田获奖后，乡亲们都很惊讶。

开表彰大会、搞"率先致富奖"是习近平提议的。在人们看来，写着县委书记和县长名字的证书、300元奖金和一辆自行车，意味着县委和县政府提倡勤劳致富，给率先致富的农民撑腰。

让群众靠勤劳致富，是习近平始终牵挂于心的大事。正定从事农业的人口占70%，从事其他行业的占30%，工农业总产值里农业占70%，其他占30%。习近平认为，应该把这两个比例颠倒过来——让70%的人去搞多种经营，让工业、副业、旅游业收入占70%。这样群众生活才能改善，经济才能发展。

习近平发现，解决了高征购问题，发展多种经营与商品生产有了空间，但当时全县干部群众却普遍存在着"想富不敢富、想富不会富、想富不能富"的问题。

党的十一届三中全会后，"左"的思想干扰仍影响着正定，因干涉农民种瓜引发的留村"拔瓜事件"（1979年春，正定县留村公社南庄大队在34亩棉田里间作了西瓜、甜瓜、菜瓜，以增加收入。当年6月，公社认为这是资本主义自由种植，强令将即将成熟的各类瓜全部拔出毁掉）曾轰动全国，更是一度让人谈"富"色变。一些人对先富裕起来的农民有不好的看法，认为他们是投机钻营的非"正统"百姓。南牛公社树路大队村民就因私下买卖土布，被工商部门当作非法交易处罚。

习近平了解到这一情况后，当即表示：村民们的交易行为并没有损害国家利益，工商部门不应没收。

树路大队的情况在正定并非个案。

在县委工作会议上，习近平深入分析了类似现象存在的原因，指出这是因为没有划清"勤劳致富"与"剥削致富"的界限，"把运用正当手段实现勤劳致富与投机钻营、非法剥削混淆起来了"。

他还多次在会议上批评一些干部把先富起来的"两户一体"（指专业户、重点户、经济联合体）看成是搞歪门邪道的非"正统"百姓。他说，这是一种偏见。

1983年12月，习近平主持召开了全县第一次大型商品生产会议——发展商品生产三级干部会议，会期长达5天半，590人参会。

会上，习近平明确提出，"要继续放宽政策，搞活农村经济，使农民有更多的发展余地，这是时代的要求，党的要求，农民的希望"。

此后，习近平多次表示，"鼓励勤劳致富、率先致富，是党的一项基本政策"，"正当的劳动致富，都是无可指责的，必须大力支持"。

如何在经济上帮助扶持、在法律上坚决保护，使群众能够大胆致富、公开致富、光荣致富？

1984年2月8日，习近平在全县传达学习中央一号文件时宣布，要端正对先富裕起来的农民的认识，积极支持"两户一体"发展生产，使他们成为率先"致富群"，带动其他农民共同致富。

在统一认识的基础上，县委作出支持农民勤劳致富的决定。县、公社领导干部要带头同"两户一体"交朋友，为他们排忧解难。要克服"红眼病"，切实尊重"两户一体"的自主权，依法保护他们的正当地位和经济利益；要在经济上适当扶持，商业、供

建设日报

JIANSHE RIBAO

1984年1月
30
星期一
农历癸亥年
十二月廿八
第5168号

学习贯彻中央一号文件发展大好形势

正定县委领导向农民宣讲文件，农民听后——

吃了"定心丸"生产劲更足

正定县委书记习近平，最近到西柏棠村宣讲中央一九八四年一号文件，引起很大反响。许多农民听了宣讲，喜上眉梢，高兴地说：有党中央给我们指路，我们发展生产的劲头更足了。

原来，有的专业户和重点户富了之后，怕政策变，不敢露富。有的户想"小打小闹"，不敢放手大干。这次听了中央一号文件传达，他们吃了"定心丸"，立即着手制订进一步致富的规划。屠宰专业户刘惠仁，靠开肉铺发了家，前一段怕扣帽子，胆子变小了，这次听到中央文件又放了心。这个村有柳编传统，听到一号文件中说今年农村工作重点是发展商品生产，全村有三分之一农户，计划多购原料，扩大生产，迅速成为柳编重点户、专业户，自己多收入，向国家多贡献。村干部们听了一号文件，干劲更足啦。党支部书记王臭货说："我们村去年人均收入五百元，今年要放开胆子支持大家干，使大伙一块儿更快富起来。"

（高培琦）

灵寿县 宣传中央文件 社员放宽心

灵寿县委最近派出三个工作组，深入到岗头、土头、台头三个大队，帮助干部群众学习中央一九八四年一号文件，使党的政策进一步深入人心。

工作组深入到这三个大队后，在帮助群众学习文件的同时，注意调查研究，帮助群众解决思想问题，制订新的致富计划。岗头和土头大队是全县先富起来的先进村，但有部分群众"怕露富"，不敢往前再迈大步。工作组抓住这些带有普遍性的问题，反复宣传一号文件，登门串户做耐心细致的思想工作。社员曹黑炭从事蔬菜生产十多年，他说，今年一号文件又给俺送来了"宽心丸"，俺决心富了再富。于

是，他在工作组的帮助下承包了十二亩菜地，制订新的致富计划。

经过学习今年一号文件，调动了全县干部群众发展商品生产的积极性。县委、县政府针对二十七个公社土地承包期短和地块零散的问题，决定实行长期承包和调整地块的措施。

（栗学海）

灵寿县拖拉机厂生产的河北12小型拖拉机远销内蒙、新疆等地，受到农牧民的欢迎。 蔡义鸿 摄

1984年1月30日，《建设日报》有关习近平向农民宣讲中央一号文件的报道

销、外贸、银行要用发放贷款、预付订金以及提供技术改进费和周转资金的办法，为"两户一体"解决资金困难；还要提供各种社会服务。

在习近平的主持推动下，正定县委和县政府出台了一系列政策措施。

1984年3月7日，县委《关于大力发展"两户一体"的几项规定》提出，"对于取得显著成绩的'两户一体'，由县政府为其颁发光荣证，并予以适当奖励"。

1984年4月4日，县委办公室《关于认真检查对待专业户的一些错误做法的通知》提出，"对'两户一体'进行打击、刁难、阻碍的，要认真追查，严肃处理"，"各级都要为'两户一体'撑腰"。

1984年7月，正定县调整了农村党支部和村委会领导班子。干部群众开展了用人标准大讨论，认识到新时期农村干部的主要任务，就是带领群众迅速富起来，因此，谁能带领群众致富谁就进班子。

这些新干部上任以后，勇于改革，努力开拓，在发展商品生产的大道上迈出了新的步伐。仅7天时间，全县就新上工副业项目43个，与有关部门达成协议97项，改革村办企业管理办法156项。

习近平很重视"发挥致富样板作用"，尤其是鼓励他分包的滹沱河南片和城关片九乡一镇要率先致富。

甘国田获奖后，不仅正定县很多人来买他家的月季花，县外甚至省外也有人慕名而来。附近十里八乡的乡亲一拨又一拨来参观学习，越来越多的人种起了月季。不管谁来，不管谁问，甘国田都耐心地教。他说得最多的就是："习书记说了，一人富不算什么，能带动乡亲们致富，才真的值！"

给创新创业者拜年

"走，咱们给新立拜年去！"

1985年农历正月初八，新年的余味尚在，家家户户门上还都贴着红彤彤的春联和福字。上午9点多，习近平招呼县委办公室资料组干事李亚平，骑车兴冲冲地前往东权城村的张新立家。

冬日的寒风，呼呼地直往脖子里灌。从县城到张新立家有20里地，还都是土路。

"习书记，张新立比你年龄还小，你又是县委书记，咋给他拜上年了？"蹬着车子，李亚平不解地问。

"因为他这个致富典型很有意义，可以起到领路、示范作用。"习近平的回答意味深长。

1983年，为发展商品生产，习近平提出，"大搞农工商、农民变工人、离土不离乡"。人们的思想更活跃了，县里也更支持社队企业和集体经济发展了。

习近平不只在大会小会上为群众致富鼓劲加油，还经常走到他们中间，了解他们遇到的具体困难，力所能及地帮助他们解决难题。

26岁的张新立原来在县广播站工作，是个科技爱好者，平时喜欢钻研无线电技术，搞一些技术革新和改造。瞅准时机，他辞职办起了春光电器厂。

一口气骑了 40 多分钟，习近平和李亚平来到张新立家。

"习书记，过年好！"看见那个穿着旧军装的熟悉身影，张新立赶忙迎上去。

"过年好！过年来看看你，最近厂子怎么样？"习近平笑着说。

"多亏您的帮助，厂子打开了销路，现在经营得很好。"张新立一边说，一边把两人让进屋。

"习书记，我到北京找到您给联系的人，举办了彩色灯光声控器研讨会。演示很成功，现场就有多家单位订了货……"张新立绘声绘色地讲起自己赴京推销的经历。习近平听着，微笑着连连点头。

习近平对春光电器厂非常了解。

1984 年，春光电器厂研制出的新型舞台灯光设备"彩色灯光声控器"，可以自动识别音调，根据音乐变化给舞台投放七彩灯光，在国内同行业属于技术领先产品，还在省科委立了项。

习近平听说后，马上来到春光电器厂调研。他仔仔细细地观看了这套设备的演示效果，非常高兴。

"厂子有什么困难？还需要什么支持？"习近平对张新立说。

"习书记，我们还真是遇到了困难。东西虽然好，可卖不出去。"张新立挠了挠头，有点不好意思地说。

彩色灯光声控器一般用在舞台表演、晚会演出，市场在大城市，可用户不相信几个农民搞起来的无名小厂能生产这样新潮的设备。

1984 年，春光电器厂在石家庄召开彩色灯光声控器鉴定会

1984 年 9 月，春光电器厂在北京召开彩色灯光声控器研讨会

"再好的发明，如果没人知道，没有市场也是白费。"听完张新立的介绍，习近平答应试着帮忙联系销路。

张新立以为这也就是习近平的客气话，心里想，县委书记有多少大事要抓啊，哪会有精力记着一个小厂的这件小事。

他没想到，不久后，习近平联系了北京的文艺家活动中心，又安排张新立到北京去推销舞台灯光设备。

临行前，习近平嘱咐他："新立，我已经给你联系好了，你这次去北京找的人和文艺界的联系非常多，和一些单位的舞台灯光设计人员也很熟悉。通过他，可以把你们厂的产品推销出去。"

1984年9月，张新立第一次坐火车到了北京，很顺利地找到了联系人。在他的帮助下，彩色灯光声控器研讨会在文艺家活动中心召开，中央电视台、空政歌舞团等单位的相关负责人和舞美灯光师应邀参会。

设备演示很成功——只见声控的灯光打在黑色天鹅绒帷幕上，犹如满天星光，随着乐曲旋律的变化不断闪动。当乐曲演奏到高潮时，绚丽的灯光大放异彩，声光电浑然一体，听觉享受与视觉欣赏融为一体，人们沉浸在美的享受中。

新中国成立35周年庆典快要到了，很多地方要搞演出。中央电视台、民族文化宫、长城饭店等单位纷纷订购使用了春光电器厂的灯光设备，得到了媒体的关注。人们称赞："正定县的几个农民，在舞台灯光控制方面搞出了这么厉害的发明，在国内首家推出这样的设备，真是了不起啊。"

一时间，春光电器厂的产品供不应求。1985年1月，县里为张新立颁发了"自学成才奖"。

四、改革戏必须大家唱

开河北大包干先河

1982 年秋天，正定里双店公社的田野上，一派丰收景象。这个穷得远近闻名的公社，多少年没见到这样的场面了。

这天，程宝怀陪着县委主要领导到里双店调研，两人还没坐稳，公社党委书记王香文就兴奋地汇报起来："我们今年搞了大包干，可算翻身了，粮食产量噌噌往上蹿……"

王香文哪儿料到，话音还没落地，就点了个"大炮仗"。

"是谁叫你们搞的！简直是无组织无纪律！知道这是什么性质的问题？"这位领导拍着桌子大声呵斥。

王香文慌了神儿，瞄瞄旁边的程宝怀，程宝怀脑门上也直冒汗。

"程县长，这个事你知道吗？"

"我好像知道点儿，忘了跟你汇报，我做得不对。"

程宝怀心里头敲着小鼓，他不敢说不知道，也不敢说知道。这位领导也没再多说，黑着脸推上自行车就往县城赶。40 里地半晌路，两人没说一句话。

走到县委大院门口，程宝怀把车子一撮，三步并作两步跑到了习近平的办公室："咱们搞大包干试点的事露馅儿了。"

"先别紧张，我去找领导通通气。"习近平似乎早有准备，"实践是检验真理的唯一标准，大包干搞成功了，应该表扬。"

1978 年，安徽省凤阳县梨园公社小岗村 18 户农民创造出"包干到户"，中国农村改革的序幕拉开。实行农村家庭联产承包责任制以后，集体所有的土地长期包给农民使用，农户经营、自负盈亏的模式很受欢迎，许多地方一年就见成效，农民收入大幅度增长，甚至翻了一番或两番。1982 年 1 月，中央发布一号文件，提出包产到户、包干到户"都是社会主义集体经济的生产责任制"，但因为"省里没精神、地区没布置"，正定还没有开始推行大包干。

在河北省和石家庄地区尚未部署的情况下，突破旧的生产关系，实行大包干，正定担着"枪打出头鸟"的风险。这种风险，在县委、县政府领导脑子里有反映，常委班子意见也不尽一致。

为了尽快摸清县里的情况，习近平骑车穿梭在田间地头，走访群众。

调研中，他发现在生产队里流传着一句顺口溜——"干不干，八分半"，社员们干一天活挣的工分还不够买个鸡蛋。

生产方式"大呼隆"，分配方式"大锅饭"，老百姓普遍吃不饱肚子，社员们出工不出力，"混工分""磨洋工"成了常态，几十个人同拉一辆车的怪事也很常见。

在全县人均收入排名倒数第一的里双店，33 岁的厢同大队会计钱贵香家里 5 口人，干上一年只能分二三十元钱，口粮没有富余，一家人玉米面和山药面混着吃，还不敢敞开了吃。村里的孩子们仅有的零食就是"麻糁"，这种用花生榨油后的残渣压成的饼子，硬邦邦的，拿石头敲掉个角，孩子捧在手里能啃半天。

看着孩子们眼巴巴馋吃食的样子，想着欠一屁股债的穷日子，钱贵香心里头急得慌，私下里常和其他社员小声嘀咕："要是分地自己种，那劲头能一样？娃儿们就能吃上饱饭了。"

下乡多了，群众的言谈话语传进了习近平的耳朵里，也压在他的心头。

大包干搞不搞？此时的河北，所有的县都在观望。

"没有现成的模式可循就自己探索，没有前人铺平的道路就自己开拓。要紧的是敢不敢迈出这一步。"习近平找到程宝怀商量，"大包干是现阶段调动农民积极性的最好办法，也是解放农村生产力的最好办法。河北还没有启动，咱县能不能先行一步，搞个试点？"

程宝怀一听，连连摆手："目前我们可不能搞大包干，不能在这个问题上冒尖，会犯方向路线错误。"

"我觉得大包干不错，你跟玉兰同志说说。"习近平说。

听了程宝怀的介绍，吕玉兰很支持："大包干是个好东西，迟早都要搞，早搞比晚搞好，这是个大方向。它分配简单，上缴国家的，留足集体的，剩下全是自己的，农民容易接受。"

习近平等人统一了思想，下定决心一试，但究竟该怎么搞呢？

1982 年 4 月的一个晚上，习近平召集县委农工部农村政策组组长张成芳等几名干部开了个"闭门会"，交给他们一个特殊任务：去凤阳，把小岗村的经验带回来。

怀里揣着习近平亲笔写的介绍信，坐火车，转汽车，几天旅途劳顿，张成芳带领的这支取经小分队终于来到了小岗村。把他们迎进村子的，正是当年摁下红手印、签下"生死状"的农民们。

入户座谈、走访调研……几天下来，对大包干打着问号的张成芳和其他随行干部心里越来越敞亮，还有什么比亲眼所见的巨变更有说服力呢？

回到正定，张成芳绘声绘色地向习近平讲述了小岗村的所见所闻。

习近平听了，不住地点头微笑。

他和程宝怀、吕玉兰商议，为了慎重行事，先在生产条件差、农民生活水平低、离县城较远的地方搞大包干试点。习近平比较了解里双店公社，经过多次调研和反复斟酌，他选定在这里点燃大包干第一把火。

按照习近平的建议，程宝怀找来里双店公社负责人。

"搞大包干咱县领导认识不一致，但允许你们公社先搞个试点。三条原则：一是要广泛征求群众意见，多数社员愿意就搞，多数人不同意就不搞；二是在分配土地时，远近搭配，好次搭配；三是不能跨队分配地。三个'不'就是不汇报、不宣传、不上报。记住了吗？"

"记住了！"

在习近平亲自布置下，张成芳来到里双店公社厢同大队征求群众意见。

"同意！"

"赞成！"

大队部里，村干部和社员代表齐刷刷举手赞同。

地头插上灰橛，撒上白灰标线，确定"四至"，登记入册。分地那天，钱贵香在自家分到的六亩地里转了一圈又一圈，抓一把土在手心里搓搓，满心欢喜。

但也有个别干部群众心存疑虑，担心与政策唱反调，背后说些风凉话儿："先分房子后分地，一步一步往后退，最后退到旧社会。"张成芳与公社干部走家串户，讲政策，解疑虑，人们的脑筋渐渐活泛起来。

当年麦收，一干两三个月、麦场连上秋场的"磨洋工"不见了，男女老少齐上阵，金黄的麦子粒粒归仓。

再到下茬播种时，大包干在整个里双店公社推广开来。

大包干前，地里种啥都得按照"规定"来，即使在沙土地上种谷子收成不行，农民自己也不能做主。大包干后，啥收成好种啥，钱贵香就在自家6亩地里整整齐齐种上玉米。当年秋收，钱贵香家的大瓮头一回装了个满满当当。

大包干就像卤水点豆腐，一点就成。家家户户男女老幼齐下地，种地如绣花。当年，里双店公社农业产值翻了一番，农民年人均收入由210元猛增到400多元。

看到实实在在的变化，听了习近平的解释，反对的意见没有了，县领导班子统一了思想。

1983年1月，正定下发了包干到户责任制办法，提出土地可以分包到户。在经营管理上，坚持宜统则统、宜分则分。习近平力主在正定全县推开大包干，在河北省开了先河。

正定推开大包干后，农民家里大囤小囤都堆满了粮食。

大丰屯大队一队社员翟振杰按捺不住丰收的喜悦，提笔给正定县委写了一封信。信里说："俺家承包的4亩8分7地，小麦平均亩产达到了1006斤，这是俺们大队从来没有过的产量。家里麦子缸里满、囤里流，全家老小喜欢得合不上嘴……俺向县委保证，只要政策不变，明年还能增产！"

20 世纪 80 年代的正定粮食丰收场景

接到信后，正定县委班子进行了认真讨论，认为翟振杰的信反映了广大农民对党的十一届三中全会以来路线、方针、政策的感激之情和对进一步落实完善家庭联产承包责任制的强烈愿望，也对县委工作提出了更高的要求，应该把这封信作为向干部群众进行政策教育的好教材。

一连多天，县广播站通过有线广播向全县反复播送翟振杰的信，各大队、生产队纷纷召开社员会进行宣读。

老百姓齐赞党的富民政策好，但此时，也有不少疑问悬在一些人的心里："大包干会不会有今年没明年？""大包干会不会包出事？"……

实行大包干以后，西柏棠村年人均收入翻了一番，但干部群众心里一直不踏实，就怕这一好政策不长久。不少乡亲种麦不敢施足肥，怕来年政策变了，收不回肥料钱。

村干部也吃不准上头会往哪儿领。1983 年和村民们签订土地联产承包合同时，村党支部书记王臭货在合同上又加上一句："上级不变咱也不变。"

1984 年 1 月 22 日，寒风刺骨，西柏棠村一处院子里人头攒动。

站在院子中间的是习近平，他是专程为解开大家心里的"疙瘩"而来的。

院子里设了个简易讲台，大喇叭声开到最大，村民们伸着脖子，支着耳朵，大伙儿都不想错过习书记说的每一句话。

"土地承包期一般应在 15 年以上。鼓励农民增加投资，培养地力，实行集约经营。因无力耕种或转营他业而要求不包或少包土地的，可以将土地交给集体统一安排，也可以经集体同意，由社员自

1984 年 9 月 27 日，习近平和冯国强（中）、程宝怀（右）合影

找对象协商承包……"

怕人们不明白，念完政策，习近平又用大白话"翻译"了一遍。

大冷天，紧裹着棉袄还嫌捂不住热气儿，可听了习近平的一番话，大家的心里像被点着了一把火，恨不得赶明儿就开春儿犁地、下种。

"习书记的话咱听明白了，往后大伙儿就放心大胆地干！"王臭货带头鼓掌，掌声热烈，经久不息。习近平讲完，村民们一下子围拢过来，接着七嘴八舌又问起来。习近平耐心倾听着，逐一认真解答。

"我早跟老婆子说秋种的时候多加点肥，她还不听……"人群里有人抱怨，引来一片笑声。

1984年春天，县里在商业服务楼举办了县、乡、村三级干部培训班，由分管农业工作的县委副书记阎书章主讲，张成芳等人重点参与，习近平每晚都来这里参加碰头会。

大包干具体的操作办法，集体财产该如何处理，土地该如何分配……培训班的一堂堂课解开了各级干部心头的问号，鼓舞了士气。

改革之路从无坦途。习近平说："改革者的责任，正是率先冲锋陷阵，带领群众前进。"

实施"一包三改"

城市经济体制改革，远比农村改革复杂。1979年4月，中央工作会议召开后，以扩大企业自主权为主要内容的城市经济体制改革逐步开展起来。

"改革是一项群众性的探索、创新的事业。"习近平说。正定要发展，需要更多的能人站上改革舞台。

"决定企业性质的是所有权，而不是经营权。'两权'不仅可以而且应当适当分开。"习近平认为，只有在思想上"五破五立"①，"扩大企业自主权，才能增强企业活力，这是体制改革的中心环节"。

1983年底的一天，习近平和县经委主任郭丙振一起到县木制厂等几家企业调研。

看着一家家半死不活的国营企业，习近平问："老郭，你怎么看？"

"国营企业固定资产投资增加五万元都要县财政局批准，人事任免权卡得更死，调动一个工人得主管部门同意，赶上生产任务重的时候，不知耽误过多少事儿。"曾在企业工作过多年的郭丙振深知企业的难处。

听完郭丙振的话，习近平干脆地说出四个字："松绑放权。"

"习书记，你这话算说到企业心坎里了！咱们第一步咋干？"

"要给企业更多经营自主权。"

---

① 五破五立：破除所有权和经营权不能适当分开的观念，树立搞活经济全局的关键是扩大企业自主权、增强企业活力的观点；破除计划经济与商品经济对立的观念，树立社会主义经济是有计划的商品经济的观点；破除社会主义就是要绝对平均的观念，树立部分先富带动共同富裕的观点；破除社会主义经济越纯越好的观念，树立多种经济形式和多种经营方式共同发展的观点；破除年轻干部缺乏经验、知识分子不可重用的观念，树立现代化建设必须尊重知识、尊重人才的观点。

按照习近平的部署，郭丙振连夜起草，一口气拟出了八个书面报告。核心内容是以企业固定资产增值、利润和税收增长比例三大指标为基础，签订承包合同，根据实际完成数额发放奖金，奖金"上不封顶"。

"还敢不封顶？胆子太大了点儿！"这些报告还没递到县委常委会，就被县政府拦下了。

几天后，《人民日报》刊登了四川省某市类似的承包奖励方案。郭丙振拿着报纸兴冲冲地赶到县委大院给习近平看。习近平斩钉截铁地说："你再打一次报告，这次直接报给县委常委会。"

1984年，《正定县经济体制综合改革设想》发布，宣布对正定所有工商业实行"五权放开"，人事权、经营权、工资权、价格权、奖金权全部交给企业。

在1984年6月举行的全县经济工作会议上，习近平正式提出"一包三改"。改革在正定县经委的26个直属企业全面推开。

"一包"，就是包翻番指标和各项经济指标。承包可以是一个人、一个小组，也可以是班子集体承包，采取自荐、选聘、投标和民主选举相结合的方式产生。"三改"，一是改企业干部委任制为选聘制，二是改工人固定录用制为合同制，三是改固定工资制为浮动工资制。

谁承包谁"组阁"，不受全民与集体、干部与工人、城市与农村身份限制。改革新政彻底打破了阻挡能人登台的最后一道门槛。

县经委及时跟进，拟定承包准则，允许根据实际完成数额发放奖金，奖金"上不封顶"。

热情高涨的承包者们蜂拥而至。但问题也随着来了：在一些企业承包过程中，"价高者得"成了"价格虚高者得"。

你说 5 万，我就喊 10 万……为了抢得承包权，一些人通过"放卫星"来压倒竞争者。

这些凭着"空头炮"上台的承包者，并没有治厂之才，反倒把企业搞垮了。

在这波热潮里，正定县电子元件厂领导班子换了 4 次都没有给企业带来转机，其间还因管理混乱发生过 3 起火灾事故。

"由于没有现成的模式，缺乏经验，出现一些问题是很自然的。""应该采取积极的、实事求是的态度进行分析。"习近平说，改革不搞"一刀切"，不搞一哄而起。一方面，要依靠和发挥下边的积极性和创造性；另一方面，对于县直企业已经进行承包的，要搞好修改、补充、完善，指标定得过低或不合理的，要进行调整。

很快，县经委给每个承包企业制定出保密的"标的"，确保了承包方案在合理范围内。

县电子元件厂最终迎来提交了合理承包方案的张士龙。

"我是搞通讯技术的坦克兵出身，专业对口，懂技术，在元件厂工作多年，对厂子很了解，有感情。"张士龙敲开习近平办公室的门，陈述自己的承包方案，得到了习近平的支持。

通过竞争获得承包权后，张士龙坚持用才不用派，用人之长、容人之短，精减闲散人员，贷款 400 万元引进日本先进生产线。

不到两年时间，张士龙就带领县电子元件厂打了翻身仗，1985 年创造利润 501 万元，比 1984 年翻了两番。

就在那一年，正定一下子涌现出许多"明星企业"。

县制酒厂是全县的亏损大户，恰逢改革新政出台，在县委和县政府支持下，厂长刘锁群大胆选定了一个以改革找出路、以"包"字争效益的方案，还跟主管部门立下了"全民所有、集体经营、自负盈亏、三年不变"的军令状。他在全厂各车间班组、各工种岗位推行承包责任制，制酒厂当年实现利润 11.8 万元，各项经济指标也在全地区同行业中夺魁。

县糠醛厂实行经营承包责任制，面向社会张榜公开招标。按合同规定，承包人即为车间或工程队全权负责人，并负责组成新的领导班子和职工队伍。承包当月，糠醛车间就比上月增产 40%。

县制鞋厂将各项任务指标，层层承包到车间、班组、个人，仅用半年就完成了全年利润指标。

1983 年冬季的一天，位于老磁河河滩上的正定县养鸡场里一片萧条，300 多间闲置的鸡舍里，鸡笼锈迹斑斑，鸡舍旁、院子里，枯草已没过膝盖。

顶着寒风，习近平和县农牧局局长王香文蹚过枯草走进养鸡场。看着眼前的荒芜景象，习近平眉头紧锁。

机械化设备，喂食、取蛋全部自动化，300 多间鸡舍全是新瓦房……这样一个现代化的国营企业，怎么就成了亏损大户？

"国家投的巨资，不能这么烂在沙土地里。"调研后，习近平开出药方：找到能人，就能收拾这个烂摊子！

1984 年 1 月 30 日，农历腊月二十八，寒风刺骨，滴水成冰。正定县城杨庄的三间小土房里暖意融融，养鸡户刘成永正在侍弄着自家的 25 只鸡。

"刘师傅在吗？"刘成永开门一瞧，习近平站在寒风里，满脸带笑，一双大手握过来。

"我早听说了，大冷天儿，全正定只有你家的鸡还在下蛋。"走进屋里，两人促膝而谈，习近平鼓励他承包县养鸡场。

刘成永原是石家庄市种鸡场的一名职工。1982 年，他回到城杨庄，找了两个合伙人，靠入股的钱和贷款，成立了小鸡育雏联合体。

由于品种好，育出的雏鸡市场销路特别好，半年多时间就收入8000 元。乡亲们纷纷投资入股，第二年 23 户，第三年扩大到 43户，联合体纯收入 22 万多元，培养出养鸡能手 30 多名。一时间，刘成永在正定名声大噪，成了远近闻名的"鸡司令"。

一头是经验丰富的技术能手，另一头是濒临倒闭的国营企业，习近平牵起了这桩"姻缘"。

"你今年缴一分钱就算扭亏为盈！"

"我包了，今年保证上缴 5000 元！"

1984 年春天，刘成永和县农牧局签订了为期 5 年的承包合同，除交纳房租费和设备折旧费外，第一年上缴利润 5000 元，以后每年上缴 1 万元。

"一个养鸡的怎么能到国营企业当领导？纯粹瞎胡闹。""救活养鸡场，是上嘴皮碰下嘴皮那么容易？"……尽管县里已经开了企业承包大会，但"鸡司令"刘成永成了一把手，还是引来不少非议。

果然，刘成永很快就遇上了"噶瘟子"① 的事儿。

承包以后，场方给付的 4 万元流动资金很快花光了，刘成永遇到了走马上任后的第一道坎——找贷款。可是，他到处张罗，碰了

---

① 噶瘟子：方言，比喻受窘为难、碰壁。

不少钉子，一分钱也没贷着。

刘成永嘴上烧起了燎泡，肚里蹿着火苗，可想起习近平的信任，他打定了主意：只要天塌不下来，我就不撤火！

"让联合体的成员们集资。"刘成永想到了办法。

这天，刘成永家北屋的灯亮了一夜。育雏联合体的人们聚在一起合计集资的事。最后，14 户投了股。

有了资金，刘成永一个人顶着几个人干活。焊接鸡笼需要电，而这里的电时来时停，懂焊接的刘成永黎明即起，晚上加班，什么时候有电什么时候干，一连干了 20 多天。就连女儿结婚的大喜日子，人们也是生拉硬拽才把他从养鸡场叫回来。

在习近平支持下，刘成永大刀阔斧改革创新。70 多个工人大都是外行，他只留下 10 多个能干的，每人分包 100 多只鸡；鸡笼不合格，他亲手焊了 200 多个鸡笼，鸡舍全部消毒；引进先进的煤油灯孵鸡技术……几个月后，一笼笼雪白的尼克、火红的海赛斯雏鸡破壳而出。

习近平心里一直惦记着刘成永，关注着养鸡场的发展，隔一段时间就要找他问问情况。

"鸡养得怎么样？"

"有没有疫病？"

"快下蛋了吗？"

……

转眼到了年底，养鸡场的产蛋率达到八成以上，当年盈利 6 万多元，连年亏损的国营企业重现生机。

习近平说："改革是生产力发展的需要，也是生产力发展的推动力。""经济建设要求改革,时代要求改革,不改革就没有出路。"

从选拔能人到"五权放开""一包三改",正定改革利好政策接连推出,改革"弄潮儿"纷纷涌现。但对于这些改革者,当时也有不少人指指点点,甚至横加指责。

此时,一位名叫姜世谭的改革者在全国成了"名人"。他出名不是因为功劳大,而是因为争议多。这位山东蓬莱大姜家村的党支部书记、农民企业家,几年内把一个穷村变成了年人均收入800多元的富裕村,却被指责为"独出心裁,老不知足"。

听到这件事情,习近平提笔写了一篇文章,并在《农村青年》杂志刊发。他在文中呼吁要"开一派支持改革者的新风,让姜世谭们除去后顾之忧,弃盾舞双剑"。

"改革戏必须大家唱,依靠群众是搞好改革的基本方法。"习近平鼓励全县各部门、各单位都要积极改、主动改,大胆探索,勇于创新。"各企业也要大胆撞击,主动搞活,凡是中央规定下放给企业的权力,要敢于要回去,敢于撞击那些不合理的规章制度。"

1985年一季度,全县各项主要经济指标全面完成,一举实现了首季开门红。在1985年4月6日举行的全县首季开门红表彰大会上,习近平说:"改革是大势所趋,改革出效益,改革出速度,改革出成果。"这一年,正定县工业总产值达到2.4亿元,比1982年翻了一番还多。

"守旧未必风平浪静,改革必然海阔天空。"习近平说,要"做改革的拥护者,做改革的实践者,做改革的清醒者,做改革的保护者"。

"青中选优"起用新人

1984年底的一天，习近平来到二十里铺乡调研。在调研过程中，他把27岁的乡党委副书记王秋生叫到了吉普车上。

"你准备一下，县委研究过了，打算让你担任乡党委书记。"习近平的话，让刚钻进车里坐定的王秋生一下怔住了。

"这……"王秋生顿了顿，"习书记，太快了吧，要不再等等，我再锻炼锻炼。"

习近平对这个年轻人十分信任："年轻干部要带头，把二十里铺的商品经济抓出个名堂。"

王秋生在二十里铺乡颇有些名气，他从石家庄地区农校毕业，任乡党委副书记期间，大力改善乡里中小学办学条件，大搞精神文明建设，受到干部群众一致好评。

县委把正定县经济基础最好的乡交给资历尚浅的年轻人掌舵，一时成了全县的大新闻。

王秋生走马上任后，二十里铺乡先后与河北师范大学、西北工业大学等几十个单位挂钩，引进16个大型项目和60多个中小项目，为乡里的工业发展打下了坚实基础。

为了发展经济，王秋生大胆起用新人。乡里有个蓄电池厂，老厂长思想保守，厂子生产"跟风走"，一会儿打沙发，一会儿生产编织袋，工厂效益每况愈下。王秋生把30多岁、懂技术的副厂长

"扶正"，很快老厂"开新花"，打了个翻身仗。

正定的各项改革如火如荼，迫切需要一支高素质的干部队伍。"干部构成不合理，具有专业知识和专业能力的干部太少，各级班子文化程度偏低、年龄偏大、中青年干部偏少，上下一般粗。这种状况，如果不采取得力措施加以解决，四化建设就没有希望。"习近平希望通过干部调整，找到更多改革的促进派、经济起飞的实干家。

1983年下半年，正定县启动县直党政机关机构改革。改革后，县委常委的平均年龄降至41.7岁，其中大专以上文化程度的占45.5%。

县委在深入实际调研中发现，正定农村基层班子大部分成员是"老中选青"，而不是"青中选优"，年龄偏大，文化水平偏低，特别是一把手更是如此。全县220名村党支部书记平均年龄42.7岁，许多人是只懂农业的"粮棉干部"，不适应新形势新要求，不能带领群众致富。东权城乡七吉村党支部成员自1965年以来一直没有变动，5名支委平均年龄49岁，其中，3名文盲，2名填表时写"相当初中"，其实识不了几个字。

"搞好农村基层班子建设，充分发挥它的职能作用，是搞好农村各项工作的保证。"习近平说，"要注意选拔那些有文化、有知识、懂经济、有工作能力的年轻人进班子。"

1984年7月，在习近平推动下，正定县大刀阔斧调整农村党支部和村委会领导班子。

"农村变革的形势，需要有一批掌握商品生产知识的新干部。大家从全局出发，考虑一下自己是否具备条件。具备条件，40岁以上也要留；不具备条件，就是眼下 30 岁也不能留。"1984 年 8 月，习近平在酝酿机构改革的全县三级干部会议上这样说。

细细琢磨，老支书们想通了："咱斗大的字都不识几个，还是让年轻人挑大梁吧。"

愉快让位，把青年干部"扶上马再送一程"，在一般人看来很棘手的基层班子调整问题，正定县委用一个多月的时间就解决了。

"青中选优"调整后，正定县农村党支部和村委会领导班子平均年龄由 43.5 岁下降到 33.1 岁，其中 35 岁以下的占一半以上，初高中毕业生占到 86.5%，有经济头脑、懂商品生产的干部多了。

朝气蓬勃的青年干部上任后，农村各项工作气象一新。

29 岁的孙风华担任七吉村党支部书记，上任之初烧了"三把火"。他公布了新班子的"约法五章"，与县林业局挂钩办了一个木材加工厂，还为 3 个运输联合体招揽了一批业务。"新班子有本事有劲头，发家致富有奔头。"乡亲们竖起大拇指。

在正定，干部调整选出的实干家不仅有年轻的王秋生、孙风华，还有年过半百的刘兆林。这位县交通局局长素质高、能力强，并未因年龄大而被关在选用门外。

"衡量一个干部的好与差就是看他能不能办实事，能不能打开局面。"习近平选拔干部，摈弃"一刀切"，坚持唯德才是举。

为了让更多干部跟上改革步伐，县里举办了文化补习班、科技知识讲座等，习近平还多次授课，为干部们作报告。

人们发现，习近平作起报告来，不仅讲春天播种什么、一亩地施多少肥这些庄稼经，还会讲技术革命、商品经济这些新知识。听多了，大家渐渐琢磨出门道。

"社会发展这么快，咱们不改不行啊！"干部们说。习近平听到后点点头，会心地笑了。

对于那些在改革中有担当、敢负责的干部，习近平则为他们撑腰。他说："各级干部要做改革的保护者。改革既然是创新，大家希望成功，也难免会出问题。凡是努力于改革，工作中出了一些偏差或问题，一律不抓辫子、不打棍子、不扣帽子。"

20世纪80年代中期，许多外地考察团慕名到正定参观，他们都发出同样的感慨：在正定，听不见人人喊改革，但处处都在改革。

"改革是中华民族的意愿，是中国社会的'大趋势'，个人不必故作惊人之举。"1984年底，习近平在接受《中国青年》杂志记者采访时说，"我从不言必称改革，只是想扎扎实实做几件于国有益、于民有利的事情。"

五、拆掉围墙，八面来风

鼓励年轻人穿西装

1984 年，春节后上班第一天。县委办公室干事张银耀和李亚平平生第一次穿上西装，走进了县委大院。

当时，社会上已开始流行穿西装，但县机关里还没有人穿。春节前，习近平对他们说："你们带头穿西装吧。年轻人穿西装，精神！"

"为什么书记您不穿西装让我们穿啊？"两人对习近平的建议感到有些不解。

习近平说："我从中央机关到基层任职，平时穿旧军装更容易和基层群众打成一片。但西装代表一种开放意识、改革意识，你们是县委办的年轻人，要树立改革开放的新风尚。"

两人想想习书记的话，看看自己跟外宾的合影照片，人家西装革履、整整齐齐，自己的老棉袄鼓鼓囊囊，旧制服皱皱巴巴，是有些不搭，所以也理解了习近平的良苦用心。

尽管花钱不少，张银耀和李亚平还是专门购买了西装、领带、皮鞋、衬衫。为了跟大家多年一色黑蓝绿"老三样"的旧打扮相区别，李亚平特意选了一件咖啡色的格子西装，还配了一条亮黄色的领带。两个人还商定同一天穿着上班。

石家庄市来正定办事的人看到他俩西装革履的样子说："你们正定还真是开放啊！"

穿着打扮往往是人们观察一个地方是否开放的第一印象。

1983 年春节刚过，五个裹着厚厚老棉袄、外罩黑蓝绿制服的北方汉子，出现在花城广州的街头。他们是党的十一届三中全会后，正定县委和县政府向沿海开放省份派出取经的第一个考察团。

原来，春节后一上班，习近平就找到县里主要领导，说咱们应该派人到广东去考察，看看外面的世界。在习近平的建议和联络下，2 月 24 日，农历正月十二，考察团出发了。

第一站，广州。一下火车，他们便大开眼界。

广州大街上，人们的穿着色彩鲜艳、款式繁多。到中山、顺德、南海等地，他们看到，不管是基层干部，还是企业管理人员都西装革履，就连普通女工，也是头发烫成大波浪，脚下踩着高跟鞋。

考察团一行人走在大街上，不知谁说了一句："就咱穿的这样，不认路也丢不了。"

但比起外表衣着上的反差，更触动他们的是思想观念和经济发展上的巨大落差，当地每一家社队企业、合资企业的规模，都远远超过正定的县办企业。

考察团回正定后向县委作了专门的汇报。习近平听完兴奋地说，我们要让更多的干部到开放搞得好的地方去看看，实地感受一下。

1983 年 12 月下旬的一天，北京吉普、拉达、红星面包……一支长长的车队从正定出发了。这是习近平带着全县三级干部到经济发展较快、开放水平较高的保定蠡县考察。

这一趟，组织者把县里所有能开的汽车都调出来了。怕有些跑不动的"老爷车"掉队，甚至还有专人在最后一辆车上压阵收容。

不看不知道，一看差距很明显。

比实力，蠡县人均年收入上千元的大队有好几个，而正定人均年收入超过600元的只有西庄屯二队一个；比协作，蠡县为发展腈纶业和全国17个省区市、43个单位建立了经济业务联系；比市场，蠡县不但建立了各种专业公司，开辟了各种专业市场，还发动4万多人靠肩扛、手提、车子驮，到全国各地搞推销；比引才，蠡县有的单位以月工资300元的高薪聘请技术人员传授技术。

习近平边考察边点评说，人家这几手都值得我们学习。相比之下，我们迈向全国的"腿"太短，我们有什么理由满足现状呢？另外，猛一看花高薪聘请有些不划算，可从长远看，技术、人才都是无价之宝，在这方面花点钱还是值得的。

参观回来，习近平在全县三级干部会议上提出："有些同志老是习惯于'纵'着比、回头看，数自己的脚印，沾沾自喜于自己的变化。回头看是必要的，但是更重要的是向前看，向自己的左右看，要'横'着比，比比国内的先进水平，比比世界的先进水平，找找自己的差距。"

他说："有些同志满足于'丰衣足食'，总觉得十一届三中全会以来，成绩不小了，农民温饱不发愁了，该满足了。这种思想是和党的十二大精神有很大差距的，是和翻两番实现四化奔向小康的奋斗目标相抵触的，是小农意识的反映。""必须开阔视野，看得远一点，手伸得长一点，搞一点'拿来主义'。""今后要把胆子放大一点，把路走远一点，以他山之石，攻我之玉。"

1993 年 7 月 3 日，时任福州市委书记的习近平和到福州市长乐县（今长乐区）挂职锻炼学习的部分正定干部在一起

习近平希望，这次会议成为正定对外开放的一个新起点。

此后，习近平又带着县里的干部赴保定新城县（今高碑店市）、廊坊霸县（今霸州市）和天津、江苏等地学习考察，继续开阔眼界、激发斗志。

正定人的视野一步步开阔了，观念一点点改变了，越来越多的正定人开始主动走出正定，跳出河北，走向全国。

正定县西兆通公社党委委员、秘书李正和另一位公社干部被派去温州学习考察。习近平嘱咐他们，别走马观花，要做好调查研究。

在温州永嘉县桥头镇，李正看到整整一条街都是卖纽扣的。如果不是亲眼所见，他无论如何想不到小小的纽扣能形成这么大的市场，做成这么大的生意。

于是，李正和同伴每人买了满满一手提包纽扣。回来后，他让妻子试着串村去卖，没想到两天就收回了本钱。

对外开放，首先从思想解放开始。习近平打开了正定人的视野，转变了他们的观念。思想的阀门打开了，改革开放的春风就进来了。正定人开始见识外面的世界，熟悉外面的世界。

在县里又一次外出参观中，西柏棠公社党委书记赵建军一下车就见到了习近平，显得有些不好意思。原来，这一回他穿上了一件蓝灰色毛料双排扣西装。

习近平打趣他说："建军啊，也穿上西装啦。挺好，挺好。"

"见识多了，视野开了，咱也想穿得精神点儿。"赵建军笑着说。

把买卖做到全国

牛来了！

1984 年春节前的一个清晨，随着汽笛一声长鸣，隆冬中的正定火车站热闹起来，120 多头牛装了整整 3 个车皮，进站了。

一头头身上布满黄白花、棕白花，肚子鼓鼓的母牛，鼻子里呼着热气，在工作人员的驱赶下，慢慢悠悠走下火车。

守在站台上接牛的有正定供销社生产资料公司业务副经理李印江，还有负责这些牛到达后圈养、分配等工作的耕具组工作人员。

"个头真不小。"有人说了一声。

这些比冀中平原上常见耕牛大出一号的"大家伙"，是我国最早培育的乳肉兼用牛种——三河牛。

这些牛是习近平从千里之外的内蒙古呼伦贝尔大草原买来的。

纯种黑白花奶牛的市价在千元以上，而这些牛平均价格仅为 430 元，不但价格便宜，还都怀着小牛。不久，这些牛都产了崽儿，养牛业迅速在滹沱河两岸发展起来。

1983 年 12 月，习近平在全县三级干部会议上提出，商品经济是一种开放性的经济，要加快其发展，必须实行开放性的政策，把内部和外部的各种有利条件都充分利用起来。不仅要争取和石家庄市发展多方面的经济技术协作，而且要和北京、天津以至全国各地发展经济技术协作；要和大专院校、科研机构、学术团体和重点厂家进行挂钩协作。

没多久，正定在北京、天津和无锡等大中城市建立了联络机构，经济信息、技术和人才被引了过来。无锡联络处筹建后，很快就为正定引来了一位厂长和几十名技术人员。几个月后，正定同全国 32 所大专院校、21 个科研单位建立了联系。

1984 年初，习近平在县委工作会议上又提出，年底前全县 25 个乡和全国 29 个省区市都要建立供销关系，每个村起码要挂上一个协作单位，搞好发达地区的外协加工，搞好对发达地区的产品输出，有条件的要力争打入港澳和国际市场。

习近平主张，"拆掉围墙，八面来风，横向联系，经济协作，主攻石市，挤入京津，咬住晋蒙，冲向全国"。

他希望正定能构建一种更大、更开放的经济格局，从全国乃至国际层面去开拓市场、配置资源。

正定寻求"结亲"的脚步也走得越来越远。

1984 年秋，习近平和正定县委政策研究室主任戴留金踏上了东北的黑土地，他们此行的目的是考察专业市场。

他们考察的第一站是辽宁海城西柳服装市场。这个几年前由当地农民在大土坑里自发建立起来的市场，已是"货不分南北，人不分公私，物畅其流，财达三江"。考察后，两人深受启发。

原计划东北之行只有海城一站，看了服装市场后，习近平说，我们还可以再去一个地方。第二站，他们去了长白山脚下的吉林抚松。

从海城出发，乘火车倒汽车，几天时间辗转上千里，等他们赶到茫茫林海中的抚松时，当地的最低气温已经降到零摄氏度以下，将要封山了。

抚松是国家重点林区县和著名人参产地，两人详细考察了当地的木材市场和加工企业。

一回来，习近平就组织了一个团队，由副县长师文山带领再赴抚松。

1984 年 10 月 16 日，两县初步签订了经济技术协作意向书。12 月 27 日，又签订了《正定和抚松县第二次经济协作洽谈备忘录》，双方约定，抚松方面春节前即向正定提供一部分统材（指不分规格、等级的原木），而正定则向抚松提供部分磷肥、面制品，并帮助抚松培训技术人员发展养鸡业。

开放合作的区域越来越多。正定后来还同黑龙江延寿、山西原平、陕西延安等地结成姊妹县区，建立了全方位的经济协作关系。

与东北的木材联营协作，很快就带动了全县 7 个木制品专业村、2000 多个专业户和 22 个木制厂的商品生产。家具和板材的加工与流通成为正定一大产业。

那时，石家庄市广安大街上也刚刚建起一个综合性市场——广安市场。九个售货大厅加上一万多平方米的露天售货摊点，顾客日流量最高达到五六万人次。在这个市场上，正定农民制作的家具是最受欢迎的商品之一。

开放合作为正定带来了更多更大的买卖。

1984 年 11 月 7 日，经习近平联系，正定县和石家庄市举行了一次经济技术协作信息座谈会。石家庄市向正定县提供了 94 个协作项目，在新上的化工、建材、轻纺等项目中，安排农村劳动力 2200 多人。后来，正定通过提供优惠条件，吸引石家庄铝厂等企业前来合作。

面向京沪借脑引智，正定同北京市建材研究所、上海中国轴承厂等单位建立了长期协作关系，研制出国内领先的现代建筑最新装饰材料、机电一体化轴承加工设备等，填补了国内空白。

正定一些村办鞋厂从北京聘请具有丰富制鞋经验的老师傅做技术指导，设计生产出时髦大方的高档皮鞋，摆上了北京西单商场的柜台。

为开发本地资源，改造落后企业，习近平要求正定打破地区、部门、行业界限，改变只向县内招标的做法，坚持向全国招标。1984 年第四季度，外地到正定投标承包的项目就有 12 个。

正定的生意越做越大，越做越远。化肥、玉米专列跑山西、进四川……正定供销系统最远的一笔生意是从东北收购玉米，经正定转运到云南进行饲料加工，几乎穿越了整个中国。

过去羞于穿西装的正定人，开始生产西装了。

1985 年春天，正定县服装厂生产的"灵霄塔"牌西装因款式新颖、板型规范、做工精细，在全省服装质量评比中荣获第一名，并代表河北省在辽津晋鲁蒙冀六个省区市服装技术鉴定活动中获得了优秀产品称号，在北方各大城市供不应求。

举办"双交会"

市场需要什么，就生产什么、经销什么，但怎样才能知道外面的市场到底需要什么呢？

在 1984 年初的县委工作会上，习近平指出："要学会捕捉、分析、利用信息，使信息尽快转化为财富，转化为生产力。"

在他力主下，县委办起了面向全县各级领导干部的《正定快报》，随时报道县里的各种情况、动态。县里还成立了信息中心，创办了面向基层企业、单位的《信息交流》。两种内刊发行总量500 余份，虽然只是油印的一页纸，但是每期两三条内容，涉及领域广泛，时效性强，为各方面提供了丰富的资讯。全县涉及经济工作的 8 个局建立了信息股，每乡明确一名干部负责抓信息工作，村村设信息员，并在全国多地设信息点。正定织起了一张庞大的信息网。

但习近平认为，这还不够，他希望办一场信息交易会，切实让信息转化成财富。

1984 年秋季的一天，在习近平叮嘱下，县科委主任胡振芝来到河北省科技情报研究所寻求帮助。

作为全省首席信息科研机构，这个所拥有 328 万册国内外科技期刊、样本，278 万件国外专利信息以及当时全省一流的经济、科技信息收集、分析、研究团队。可他们一直苦于走不出关起门来搞科研的老路，国家花费几十万甚至上百万元搜集汇总来的科技文献、信息情报，平时乏人问津。

为改变这种现状，他们曾精心筛选、梳理一批实用科技信息，制作了十几块展板，送到全省干部大会上，不仅引起了与会者的关注，还受到省有关领导的表扬。

"我们县特别重视科技信息工作，县委书记习近平亲自给我布置任务，一定要请你们去办一个科技情报信息交流交易会！"面对省科技情报研究所所长于济廷，胡振芝兴奋又恳切地说。

"我们一定帮忙。"双方一拍即合。

1984 年 11 月 14 日，全省首届县级科技情报信息交流交易会（简称"双交会"）在正定开幕了。

"双交会"开幕这天，省科技情报研究所出动了 20 多人，开来一辆满载各种实用科技情报信息展板、样品的"科技大篷车"。

"一条信息可以给一个工厂增加巨大的经济效益，一条信息可以使一位普通农民成为万元户……"在县文化馆举行的开幕式现场，习近平的讲话引起了 200 多名参会代表的共鸣。

"双交会"上，一些最新专利信息和实用技术都成了抢手货。一盏既可当室内摆设又可当台灯的"太空娃娃灯"样品，造型新颖、色彩鲜艳，一摆出来就引得好几个客户争相购买。

"这个样品我要了！"

"我们要！比标价多出 10 块！"

"我们多加 20 块！"

"我再加 10 块！"

……

最后，在县科委工作人员的协调下，样品被出价近 200 元的 3 个专业户喜滋滋地拿走了，"看着吧，我们很快就能拿出产品来！"

会场上还有一项抗静电塑料假顶技术，引发 12 家买主的争相购买，最后也是采用竞价拍卖的方式成交。

整整 7 天的"双交会"上，2000 多条食品、轻纺、服装、建材、化工、种植、养殖等最新专利信息和实用技术发布或展出。仅洽谈技术转让项目就达 1116 项，售出信息 1500 多条，引进样品项目 120 项，招标难题解决方案 29 个，接受各种咨询 2100 人次，出售各种科技书刊 2580 多册。连很多邻县的干部群众也专程赶来参加这场"科技大集"。

"双交会"结束后，省科技情报研究所的"科技大篷车"从正定开向了全省，短短几个月就跑了十几个县市，被乡镇企业和老百姓称作"带轱辘的财神爷"。北京、天津、山西、山东、河南、陕西、辽宁等省市也不断有人来索取信息和资料。

从第一次"双交会"上尝到了甜头，没过几个月，正定又举办了第二次"双交会"。

1985 年初，正定县照例要召开全县三级干部会议，但习近平提出，今年这次会议要吸收农民群众参加，与科技、信息、产品等经济业务活动结合起来，使会议开得生动活泼、富有成效。因此，在会议期间，正定举办了第二次"双交会"。

1 月 19 日，在县招待所 1000 多平方米的大厅里，利用图表、照片、书刊、电视录像等形式，展出了省科技情报研究所和县经委、计委、科委以及信息中心提供的有关食品、饲料、化工、五金、种植、养殖等各种技术信息 1400 条。县委和县政府领导干部及业务部门也都公开挂牌答疑解惑。现场还留下专门席位，欢迎农民来听讲、洽谈，还可以向领导反映意见。

习近平拿出一天时间到会场"值班"。一天下来，他接待群众来访 77 人次，现场处理、解答群众问题 28 个。到"双交会"散场前，习近平才和人们一起一块展板一块展板地看起上面的信息。

第二次"双交会"，吸引了全县 7500 多名农民参加。3 天时间，

正定县三千会别开生面

七千多名农民自费前往参加

本报讯 连日来，古城正定车辆川流不息，人群熙熙攘攘。县委领导同志兴奋地告诉记者，县里正在召开县、乡（镇）、村三级干部会议。由于打破了老框框，会议别开生面，产生了巨大吸引力。全县二百多个村庄的七千五百多名农民纷纷自费赶来参加。

正定县每逢年头都要照例召开一次总结工作、表彰先进、部署计划的"三干会"。年年开会，年年老格局。人们说："三干会，老俗套，待上几天就开道。"怎样打破这种"老皇历"，使会议开得适应时代特点，体现改革精神，切实解决问题呢？县委领导干部深入实际，调查研究，认真听取广大干部群众意见后认识到，只有吸收农民群众参加，与科技、信息、产品等经济业务活动结合起来，才能使会议开得生动活泼、富有成效。于是，他们在今年的会议内容上增添了经济技术协作洽谈、县委、县政府领导干部和业务部门公开挂牌解释问题等内容，并留下专门席位，欢迎农民进城自由听讲，自由洽谈，自由向领导反映意见。

元月十九日至二十一日，县招待所一千多平方米的大厅里，利用图表、照片、书刊、电视录像等形式，展出了省科技情报研究所和县经委、计委、科委以及信息中心提供的有关食品、饲料、化工、五金、种植、养殖等各种技术信息一千四百条。设立了咨询、洽谈站。北京市海淀区机电设备厂还进行了隧道式烤箱、多用电饼铛等食品加工机械展销，人们在这里寻觅知识、了解信息、交流经验、洽谈项目。西兆通乡几户农民用一千元购买了儿童两用课桌加工技术，六十多岁的老农张金生，不畏严寒，从四十里以外风尘仆仆地赶来，花十三元钱，购买了二十多本科技书籍。北京某科研单位的一项无籽西瓜种植技术，有五个乡的农民争着签订合同。据不完全统计，会议期间，共购买和引进信息八百条，签订和协商技术转让项目二百一十个，购买科技书籍六十五种、一千三百册。

领导当场答问，有力地吸引了农民群众。十九日这天，县委、县政府领导同志以及公法、民政、工商、税务等县直部门的负责同志，在招待所写名挂帅，接待群众来访，听取意见，回答问题。能拍板的当场就拍板，不能拍板的详细记录，会后马上组织调查，迅速解决，并给予答复。这天，共接待来访代表四百余人（次）。仅县委书记习近平一人，就接待了七十七人（次），处理或解答问题二十八个。

（刘俊朝、封阿果）

1985 年 1 月 31 日，《河北日报》有关正定县"双交会"情况的报道推广交易信息 800 条，售出 1300 册科技书籍，签订和协商了 210 个技术转让项目。

看着大家如饥似渴地寻觅知识、了解信息、交流经验、洽谈项目，习近平深有感触地说："科技信息不仅可以促进经济的发展，也可以促进人们思想的转变。这样的合作，咱们应该一直搞下去。"

仅仅一个多月后，正定专门为个体户、联合体举办了第三次"双交会"。

三次"双交会"，正定共接待全省各地市的代表和本县干部群众逾 1.5 万人次，售出科技信息 4300 余条，接受咨询 8400 人次，售出各种技术书刊 5100 余册。

"双交会"不仅为正定企业、群众提供了创业致富的门路，也为科技成果向基层转化探索出一种新模式。正定一时间成了远近闻名的科技信息技术集散地。

1985 年春天，胡振芝参加了国家科委组织的一次全国性的科技工作会议，代表正定县作了关于科技信息下乡的典型发言，"正定经验"走向全国。

赴美国考察农业

1985 年 5 月 5 日，习近平率石家庄地区玉米加工技术考察团一行 5 人，来到大洋彼岸的河北友好省州美国艾奥瓦州，开始进行为期 18 天的实地考察。

时值春播时节，习近平为考察农业而来。

家庭联产承包责任制实行后，中国农村面貌为之一新，粮食产量大幅提高，但卖粮难的问题开始冒头。作为粮食高产区，石家庄地区的玉米利用和深加工正在成为一个亟待解决的问题。

素有"美国粮仓"之称的艾奥瓦州，玉米、大豆、鸡蛋、猪肉产量全美最大，且深加工技术发达，产业链完备。

习近平率团赴美考察，就是要为石家庄地区和全省玉米生产和深度加工、合理转化探索一条路子，并探讨进行交流合作的可能性。

去之前，习近平曾在一次正定全县干部会议上就农业发展提出了自己的看法。他说，无论是种植业、养殖业，还是林业、牧业，都要与副业、加工业、商业流通的发展联系起来，其经济效益将成倍地增长。

同时，习近平也密切关注着国际市场和世界科技的发展。他曾要求全县各级干部，"要多一些战略思想，立足于一村、一乡，放眼于全省、全国，以至国际市场"。

怀着强烈的求知欲，习近平一行仔细考察研究艾奥瓦州现代化农业的每个环节。

在先锋种子国际公司，考察团参观了玉米种子烘干、储存设备，了解了田间播种技术。接待他们的约翰逊先生表示，公司还可以为用户提供土壤分析等服务。

听到这里，习近平主动介绍了石家庄地区的气候、土壤情况。公司方面表示愿意合作研究培育适合石家庄地区的抗旱玉米新品种。

1985年5月6日，习近平访美期间，和考察团成员一起到艾奥瓦州马斯卡廷市居民珍妮·劳奇家中拜访

在沃高顿饲料厂，考察团看到两条电子计算机控制的生产线，每天可以生产 240 吨各种饲料及饲料添加剂，企业还可以为用户设计配方、提供优质浓缩饲料。

习近平仔细询问配方设计的流程等细节。他说，这可作为我们发展饲料工业的一条路子，加以借鉴。

在当地农场，他们看到，使用红外线定位技术的大型播种机在广袤的农田里一穴一粒地精播玉米。习近平说，这种技术节约、精准、高效，是我们的发展方向。

种子公司、家庭农场和养殖场、农机企业、淀粉加工厂、饲料厂、农产品和食品加工厂、种植协会……考察团看到了一条长长的农业产业链。

习近平对大家说，可见我们的玉米不是多，而是远远不能满足需要，关键是如何将玉米向肉蛋奶、向工业产品转化的问题。

考察团看到了玉米的深度加工和综合利用，眼界和思路大为开阔，对石家庄地区乃至河北省玉米加工转化的路径和方法有了明晰的思路。

从得梅因、锡达拉皮兹到马斯卡廷，习近平一行参观了 29 个公司、农场、大学、科研院所及政府有关部门，接触结识了近 400 位各界人士。

一路下来，他们不但搜集到一大批对科研、生产、管理，以及引进、协作和贸易工作具有很高参考和实用价值的资料，而且还积极跟美国商家进行洽谈。

一位叫颇尔的机械商听说中国考察团来了，特意从外地赶到马斯卡廷推介他的设备。习近平一行利用考察间隙，与他商谈了一个多小时。

"美国各企业都愿意与我们做买卖，但他们对中国的情况了解甚少。因此今后可以继续就双方感兴趣的领域组织专业考察和专项洽谈，邀外国人来我区考察，以加强了解，进行技术贸易交流。"回来后考察团在报告中这样写道。

春天的这次访问，播下了友谊的种子。

习近平一行抵达艾奥瓦州的次日上午，就会见了艾奥瓦州州长布兰斯塔德。布兰斯塔德后来说他结识了一位"伟大的朋友"。

5月5日至7日，习近平在马斯卡廷停留了三天，同美国民众进行了广泛直接的接触。

习近平住在德沃切克家中。在住下的第一天晚上，女主人问大家明天早上几点起床、吃什么。习近平告诉她7点起床，还说你们吃什么我们就吃什么，我们想体验和了解普通美国人家的生活。当晚，女主人把小点心送到他们房间，说睡觉前饿了吃。

这一天，另两名考察团成员住在马戈林家中。房东年逾八旬的父母也住在小镇上。第二天，正是马戈林夫妇的小儿子16岁生日。习近平知道后，晚上带着大家一起去探望老人、给孩子过生日。

离开马斯卡廷时，马戈林的老母亲不舍地说："你们离开就像孩子要出门，希望你们再来。"

分别之际，习近平也表达了他的感受："我们已经看了很多，了解了很多，收获颇丰。我们看到了你们先进的技术。这里的人民对我们非常热情友好。正因如此，给我们留下了美好的印象。"

当时，两国人民相互了解与沟通的愿望极为强烈，他们的到访成为马斯卡廷这个美国中部小镇的大新闻，《马斯卡廷日报》把这些中国访问者称为"小镇的超级明星"。

习近平也给艾奥瓦州民众留下了深刻的印象。

他六次接受当地记者采访，五次参加美方举办的欢迎宴会。每次，习近平代表考察团接受采访、发表致辞，都是即兴发言。他讲起来总是有条不紊、生动充实，听众不时报以掌声。

1985 年 5 月 7 日，马斯卡廷市政府向考察团成员每人赠送了一把象征中美两国人民友谊的"金钥匙"。

对马斯卡廷的居民，习近平印象深刻。他曾说："你们是我见到的第一批美国人，我对美国的第一印象来自你们，对我来说，你们就是美国。"

习近平率团考察美国，为河北省和艾奥瓦州进一步搭建起友谊的桥梁。两省州之间的各领域合作不断深化，建立了多对姊妹市友好关系，正定和马斯卡廷结为友好县市。

　　1985年5月7日，习近平率团访美期间，美国艾奥瓦州马斯卡廷市代市长、市政厅理事杰罗姆·鲍威尔向习近平赠送象征中美两国人民友谊的"金钥匙"

六、不拘一格地选拔人才

编制"人才九条"

1983 年 3 月，几天之间，正定各公社生产队、学校、机关、工厂门口，都贴了一张布告。布告上的大字十分显眼——"正定县招揽人才的九条规定"。

"出身不好也能被重用，贡献突出的给记功，家属还能'农转非'，看这政策，县里是动真格了！"

"这一条一条的，可真实诚啊！"

每张大布告下，都聚集着一堆人。

正定为何要出台"人才九条"？这要先从当时县里一些企业的人才状况说起。

在多次调研中，习近平发现，全县大多数企业和单位都不同程度地存在科技人才和技术骨干力量不足的问题，有的甚至到了连正常生产、工作都无法维持的地步。

人才不足，已成为阻碍正定经济发展的一个关键性问题。当时全县总人口 45 万，但大专以上文化程度的人才仅有 379 名，自学成才或中专毕业后取得技术员以上职称的人才仅有 256 名。

开发人才是一项具有特殊地位的战略任务，关系四化成败，关系国家兴衰。"人才兴，国家兴，我们越来越深刻地认识了这个真理。"习近平说，"对人才问题早认识、早重视、早去抓，我们的经济工作就早主动、早搞活、早见效。"

一个大胆的招贤引智计划在他的脑海里酝酿着。

1983年3月的一天，习近平约《河北日报》记者李乃毅到办公室长谈。

习近平介绍，正定是一个产粮大县，但经济并不富裕，必须通过改革开放改变这种状况。农业不能"单打一"，还要发展多种经营。工业要发展企业、创新项目、引进技术，尽快把效益搞上去。要搞好农业、搞活工业、搞大企业，最重要的是要有优秀的企业领军人物，县里恰恰缺乏这方面的人才，现在当务之急就是怎样把人才引进来。正定打算出台一些吸引人才的政策，希望通过报纸宣传出去，把那些懂经营、会管理、有技术的人才请过来。

习近平开诚布公，李乃毅也知无不言。他把在采访中所接触到的知识分子特别是科技人员的处境、困难、顾虑、期盼等一一道来。

习近平认真倾听，详细记录。此后，他又在忙碌的工作中，抽出三个半天时间同李乃毅深入探讨。

几天后，习近平把亲自主持编制的《树立新时期的用人观点，广招贤才的九条措施》拿了出来——

一、热烈欢迎我县所需的外地各种科技人员来正定帮助发展县、社、队企业。对搞成的每个项目，只要产品有销路，其利润由双方商定比例分成，或给一次性总付酬。贡献突出者，县委、县政府将予以记功、记大功、晋级、晋职。在农村的家属户口优先转吃商品粮，并给家属、子女安排适当工作。

对我县技术人才更应充分重视，发挥其专长。对有发明创造、做出突出贡献者，其待遇和招聘外地技术人才同等对待。

二、大胆起用和广泛接受各种人才。其中包括出身不好，社会关系复杂，过去犯过错误已经改正的；曾当作"资本主义"典型批判至今仍不被重视的；由于社会上的偏见，使其科研工作遭受压制的；没有学历而自学成才的。

三、千方百计为人才的调动提供方便。凡需要调入我县者，组织、人事、劳动部门要积极予以办理，若一时办不齐手续，可先来后办，原工资照发，粮食定量不变（全部细粮），工龄连续计算，今后根据贡献大小另行确定工资数额；对不能调入我县工作者，可短期应聘或兼任我县某方面的经济技术顾问。

四、愿为全国各地技术人员提供试制新产品、推广新技术所需要的工作、生活条件。新产品一旦被本县采用，即付重奖；收到经济效益后，利润按比例分成或给一次性总付酬。同时也允许研究项目失败，不追究责任，工资报酬、往返车费照付。

五、调入的人才，由县委、县政府统一安排使用，出现问题，县委、县政府领导亲自加以解决。

六、兴建"人才楼""招贤馆"，积极为调入人才解决住房。设立人才服务处，对人才统一管理。对我县和国家有突出贡献者，配备助手、车辆，做到搬煤到屋、送粮到户，解决生活上的后顾之忧。各部门都要按照省委文件精神，积极落实知识分子政策，为我县中级以上知识分子和自学成才者，提供良好的工作条件和生活条件。

七、成立人才技术开发公司，吸收人才，接受新产品、新技术；对科研人员和自学成才者正在业余研究的有前途的科研项目，若愿意给予本公司，而又被本县所采纳者，将尽力协助解决经费困难。对本县技术干部要合理使用，充分发挥其特长。

八、积极鼓励、扶持城乡团体和个人自筹资金和外地大、中专院校签订教学、代培合同，定向培养人才。教授、学者、工程师及有技术专长者应聘来县讲学，指导企业经营管理，车接车送，热情接待，并发津贴费。

九、实行人才流动。调入本县的科技人员来去自由。本人一旦感到自己的技术专长不能有效发挥时，可以申请调到所向往单位，县委、县政府不加阻拦，并给予提供出走方便。

利润提成触及分配制度，人才流动关乎人事体制，细粮供应突破粮食政策，"农转非"涉及户籍管理……"人才九条"字里行间皆是破冰之举。

"要树立新时期的用人观点，就是要解放思想，打破框框，消除偏见，任人唯贤，不拘一格地选拔人才。""人才九条"反映出的，正是习近平的用人观。

很快，2000张一米多长、半米来宽，印有"正定县招揽人才的九条规定"的大布告被贴了出去。

习近平觉得，这还不够，他希望通过报纸把"人才九条"向全省、全国发布，在更大范围为正定招贤引智。

程宝怀拿着"人才九条"找到石家庄地委机关报《建设日报》

河北日报

HEBEI RIBAO 第11543号

1983年3月
29
星期二
农历癸亥年
二月十五
石家庄地区天气预报
白天 多云间阴南部局部地区有短时零星小雨
风向 偏北
风力 2～3级
夜间 多云
风向 偏北
风力 1～2级
气温 最高 14～16℃
最低 3～5℃

树立新时期的用人观点，招贤纳士，博揽群才

正定县为有志之士敞开大门

本报讯 中共正定县委和县政府认为：人才是国家兴旺发达之本，没有人才，县不能富，民不能强，翻阅墓志从谈起。为此，县委、县政府三月二十三日决定采取九条措施，招贤纳士，博揽群才，加速发展正定经济建设。

一、热烈欢迎外地各种科技人员来正定帮助发展乡、社、队企业。对搞成的每个项目，只要产品有销路，其利润由双方商定比例分成，或给一次性总付酬；贡献突出者，可予以记功、记大功、晋级、晋职，在农村的家属户口优先转吃商品粮，并给家属、子女安排适当工作。

二、树立新时期的用人观点，凡有技术专长者一律揽收。其中包括出身不好、社会关系复杂的；过去实过错误已经改正的；曾被当做"资本主义"典型批判至今仍不被重视的；因社会上的偏见，使其科研工作遭到压制的；没有学历而自学成才的。

三、工作调动由县组织、人事部门负责办理，若一时办不齐手续，可先来后办。原工资照发，粮食定量不变（全部细粮），工龄连续计算；今后根据贡献大小另行确定工资额。对不能调入我县工作者，可短期应聘或兼任我县某方面的经济技术顾问。

四、愿为全国各地技术人员提供试制新产品，推广新技术所需要的工作、生活条件。新产品一旦成本县采用后，其利润按比例分成，或给一次性总付酬，同时也允许研究项目失败，不追究责任，工资照顾，往返车费照付。

五、调入的人才，由县委、县政府统一安排使用，出现问题，县委、县政府有领导专门加以解决。

六、兴建"人才楼"、"招贤馆"，设立人才服务处，对人才统一管理，配备助手、车辆，做到能够到户，逐报到户，解决生活上的后顾之忧。

七、成立技术开发公司，吸收人才，接受新产品、新技术，对科研人员和自学成才青年正在业余研究的有前途的科研项目，若愿意给予本公司，将尽力协助解决经费困难。

八、积极鼓励、扶持城乡团体和个人自筹资金和外地大、中专院校签订教学、代培合同，定向培养人才。教授、学者、工程师及有技术专长者应聘来县讲学，指导企业经营管理，车接车送，免费招待，并发津贴费。

九、实行人才流动，调入我县的科技人员来去自由。本人一旦感到自己的技术专长不能有效发挥时，可以调到所向往单位，县委、县政府不加阻拦，并给予提供出走方便。

目前，正定县九条措施开始实施。据悉，已有外地科技人员前往洽谈调动或技术转让事宜。

（本报记者 李乃毅）

1983年3月29日，《正定县为有志之士敞开大门》在《河北日报》头版头条刊发

的总编辑，不料却碰了钉子。

"程县长，你还让我当这总编吗?"

"怎么了?"

"你们这九条，突破了现行政策，我哪儿敢登啊?"

习近平听说后，嘱咐程宝怀再去找找《河北日报》。

很快，这篇稿子摆上了《河北日报》总编辑林放的办公桌。林放看后当即拍板："这政策观念创新，完全符合中央精神，发，突出发!"

当夜排版，林放特意叮嘱："头版头条加'花边'着重处理!"

1983年3月29日，以"人才九条"为主要内容的消息《正定县为有志之士敞开大门》在《河北日报》刊发，"人才九条"震动全国。

在"人才九条"落实过程中，针对当时人事调动政策不允许各省市间自由流动的情况，习近平大胆提出，凡是正定急需人才，派人员与原单位友好协商，以最大的诚意争取理解支持;本人决意到正定工作，如果原单位坚持不放，不给档案，县委和县政府责成组织人事部门重新建档接续关系。

在一年多的时间里，700多封来信飞抵正定，200多名人才落户古城。

与贾大山的"文学情"

1982年春天的一个傍晚，正定县文化馆一间办公室里十分热闹，副馆长贾大山和几位文友相谈正欢。

1977 年，贾大山发表短篇小说《取经》，第二年获得全国优秀短篇小说奖，成为河北省在"文化大革命"后摘取中国文学最高奖的第一人，与贾平凹并称"文坛二贾"。贾大山还是地道的正定通，对家乡的历史文化了如指掌。

习近平早就读过贾大山的小说，常常被小说中诙谐幽默的语言、富有哲理的辨析、真实优美的描述和精巧独特的构思所折服。到正定工作后，他经常听到人们关于贾大山的脾气性格、学识为人的议论。正因如此，习近平选定贾大山作为来正定后登门拜访的第一个对象。

敲门进来，看到贾大山和朋友们正谈到兴头上，习近平悄悄在一旁坐下，静心地听，耐心地等。

等了一会儿，趁贾大山喝水的间隙，同行的干部上前介绍："这位是新来的县委副书记习近平。"

贾大山扭头看着习近平，随口一句："来了个嘴上没毛的管我们！"

习近平并不介意，依然笑容满面。

贾大山直爽，习近平坦诚，初见的距离感慢慢在谈话间消融。文学艺术、戏曲电影、古今中外、社会人生，话题无所不及，两人的谈话拉得越长，越发现彼此志趣爱好有不少相投之处。贾大山对眼前这位年轻人开始刮目相看，大有相见恨晚之感。

临别时，贾大山拉着习近平的手久久不愿放开："近平，虽说我们是初次见面，但神交已久啊！以后有工夫多来我这里坐坐。"他边说边往外送，习近平劝他留步，贾大山却像没听见似的，他边走边说，竟一直从文化馆送到了县委大院门口。

此后，两人交往更频繁了。有时贾大山把习近平邀到家里，有时习近平把贾大山请到自己的办公室，天南海北，促膝交谈。

聊得越来越深入，习近平发现，他与贾大山的人生经历相似，对一些现实问题的看法也极为相似。比如对"高产穷县"的剖析，对如何修复和整理正定文物的思路……有几次，收住话锋时，已是次日凌晨两三点钟了。为了不影响机关门卫休息，他们进出县委大门时，常常叠罗汉似的，一人先蹲下，另一人站上肩头，悄悄地从大铁门上翻过。

1982年12月的一天下午，习近平打来电话，约贾大山见面。

"好啊。但是今天你就不要去机关食堂了，来我家吃晚饭吧。"贾大山在电话那头说。交往时间不短了，习近平还从来没有在贾大山家里吃过一顿饭。贾大山邀请过几次，习近平总是笑笑说，君子之交淡如水，每次喝茶水，已经够奢侈了，何必再吃饭呢。

贾大山再次邀请，习近平犹豫了一下，还是点头答应了。

贾大山精心准备了几个小菜：雪里蕻炒肉、莲藕片、花生米和凉调菜心，再把铝盆放在蜂窝煤炉上涮羊肉。话题逐渐热烈，不知不觉就聊到了县文化局。

"大山，如果让你当局长，能收拾这个摊子吗？"

"当然可以，只要给我权力，让我说话算数。"

"好，就让你当局长！"

正定文物保护不力、文化系统混乱，正需要找一位能干事的文化系统"掌门人"，习近平一直在暗暗寻找和选择。贾大山成熟稳健，刚直正派，也很有管理才干，最关键的是他对文化事业有着近乎痴迷的热爱，对文物保护也有自己的一套想法。于是，在多方征求意见并与县委、县政府主要领导沟通后，习近平提议贾大山担任文化局局长并获得了通过。这天晚上，他就是来通报的。

"可是，我不是党员啊。"

"你不用担心，组织已经有了安排。"

那时党外人士在县里担任领导干部，而且是部门正职，是不可想象的。但正定县委常委会却形成决议：文化局由局长主持全面工作。第二天上午，非党人士贾大山连升三级，从文化局下属的文化馆副馆长直接上任文化局局长。

大山上任，气象一新。

贾大山上任第一次开会，就宣布了两个"三不"。一个是：不搞一朝天子一朝臣，不搞不教而诛，不要不干正事。另一个是：不要不喝酒不办事，不要喝了酒乱办事，不要办了事就得喝人家的酒。

在习近平的支持下，贾大山为正定文化事业的发展和古文物的研究、保护、维修、发掘、抢救，竭尽了自己的全力。常山影剧院、新华书店、电影院等文化设施的兴建和修复，隆兴寺大悲阁、天宁寺凌霄塔、开元寺钟楼、临济寺澄灵塔、广惠寺华塔、县文庙大成殿的修复，无不浸透着他辛劳奔走的汗水。

他下基层、访群众、查问题、定制度，几个月下来，便把原来比较混乱的文化系统整治得井井有条。对正定那些价值连城的文物遗存，他倾注了满腔热情，几乎一年一个工程地铺开了古建筑修缮的战场。

大大小小的工程，多则需要上千万，少的也要几十万。为了从

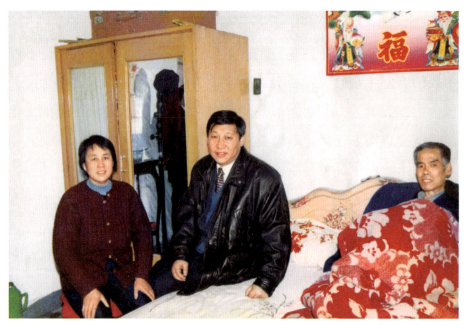

1997 年农历正月初三，已在福建任职的习近平来正定看望病中的贾大山

国家和省里争取项目资金，贾大山带着正定县文保所所长李贞福奔走于北京、省会和县城之间，住的是地下室，吃的是地摊儿饭。有一阵，贾大山得了胃肠溃疡，只得把药罐带在身边，白天跑工作，晚上熬中药。

每逢农历除夕到初一，贾大山亲自在隆兴寺值班，昼夜巡视，到了零时，还会一个个打电话查岗，看各单位的一把手在不在岗。

按照惯例，县文保所每年收入的20%都要上缴到县财政。贾大山据理力争，用这笔钱设立了文化发展基金，启动县图书馆建设，设立文艺繁荣奖，正定县的文化事业开始有了"底气"。

在习近平眼中，贾大山率真善良、恩怨分明、才华横溢、析理透彻，对人们反映强烈的一些社会问题，往往有自己精辟独到、合情合理的意见和建议。习近平不光把贾大山作为自己的知己，还把他作为及时了解社情民意的窗口和渠道，把他作为从政与为人的参谋和榜样。

求贤若渴引人才

内用、外招、上请、下挖、近补、远育，这是习近平开发人才的"十二字真经"。

石家庄车床附件厂工程师武宝信是一个研制化妆品的能人，他研发的三露（粉刺露、亮肤露、增白露）畅销全国，但和厂领导在利润分配上产生了矛盾。武宝信看到"人才九条"眼前一亮，托人捎信给习近平，表示愿意到正定工作。

1983年春的一天傍晚，得知了武宝信的情况，习近平匆匆赶到程宝怀的办公室。

"程县长，走，咱们今天夜访武宝信！"

"今天晚了，咱们明天再去吧？"

"今天必须找到武宝信！"

习近平只知道武宝信家住石家庄市谈固小区，他带着程宝怀、师文山在小区找了很久，还是没能打听到武宝信的家具体在哪儿。几十栋楼的谈固小区实在太大了。

看看手表，已经过了晚上10点，迫切想见武宝信的习近平决定试试"笨办法"。"这样吧，我从南往北喊，你们从东往西喊，今天必须找到他。"

双手并拢合成喇叭状，习近平放开了嗓门："武宝信！武宝信……"喊声在小区里响起。

许多住户已经熄灯休息，安静下来的小区里突然传出几个"粗嗓门"，想听不到都难。

武宝信正在屋里做实验，听见有人喊他的名字，赶忙跑了出来。见到武宝信，习近平伸出一双冻得冰凉的手，两双手紧紧地握在了一起。进屋后，两人长谈至次日凌晨。

习近平对人才的渴望和尊重，深深打动了武宝信，他答应把新研制的爽脚粉配方无偿提供给正定。

1983年4月4日，习近平亲自主持的爽脚粉项目技术转让会在正定县招待所举行，新城铺乡的第一个引进项目就此落地。几个月后，爽脚粉试制成功。项目投产不到一年，就盈利 30 万元。

不久，在县委门口，习近平亲手把一台轻骑摩托车交给武宝信，那是县里给人才的重奖，价值 1100 元。

正定实打实重用人才的消息不胫而走。

正定发展急需的人才和项目，习近平果断拍板，大胆引进，并千方百计帮助解决实际困难。

正定油泵油嘴厂原属省管，一年赔了 27 万元。后来下放给石家庄地区管，一年赔了 9 万元。地区又把这个亏损企业给了正定，当年又赔了 7 万元。

转机出现在 1984 年。这年五六月间，习近平亲自带队赴江苏省考察乡镇企业发展情况，一行 5 人先后走访了无锡、常熟、南通等 3 市 5 县的 59 个单位。

出发前，习近平特意交给李亚平一封前段时间收到的来信，信封上写着"正定县委书记收"。习近平告诉他，提前与写信的人联系一下，约对方在当地见面，协商其到正定工作的有关事宜。

写信的人是无锡机械局农机供销公司原经理邱斌昌。原来，因在家乡无法施展才华而苦闷的邱斌昌辗转得知，正定正面向全国招揽人才，便主动写信表达了自己想来工作的强烈愿望。

李亚平按照信中所附的联系方式，拨通了邱斌昌的电话。

"如果你们不是马上要来无锡，我可能直接就跑到正定了。"电话那头，邱斌昌想来正定的意愿十分迫切。

一边是求贤若渴，一边是迫不及待。利用考察间隙，习近平和考察团全体成员一起见到了邱斌昌。

那天晚上，在无锡市政府招待处，握手寒暄后，邱斌昌非常激

20 世纪 80 年代的正定油泵油嘴厂

动，双手紧紧抓着一个人造革文件夹，拉了几次，才打开拉链，拿出自己亲手抄录的一份正定"人才九条"。

听完习近平介绍县里的有关情况后，邱斌昌当即表示，可以到连年亏损的油泵油嘴厂工作。他还特别提到，自己可以带一个成熟的柴油发电机项目到正定，马上就能出产品。

邱斌昌提出的唯一要求是工资由原来的行政 17 级提至 16 级，一年后厂里产值翻一番，再由 16 级提至 14 级。

邱斌昌提的条件能不能答应？习近平和考察团的其他成员进行了认真商讨。

"这次我们到了苏南一看，当地聘请高级技术人员、管理人员、销售人员的月薪已经达到千元，可见邱斌昌提的这个条件并不过分。"

"他还说了，提级并不是为了多挣几个钱，而是希望通过这样的方式来体现自身价值，得到组织认可。"

"江苏由于乡镇企业蓬勃兴起，用电紧张，咱们参观的很多企业都已经购置了自备发电设备，邱斌昌提出的柴油发电机项目具有巨大的市场潜力。"

……

大家发言后，习近平总结说："我们要发展大规模商品经济，需要引进这样的能人。"

随后，他通过长途电话和程宝怀等县领导商量，最终决定聘请邱斌昌赴正定工作。

8 月，邱斌昌到正定报到。

一见面，程宝怀就告诉他："你的工资已经从 17 级涨到 16 级了。我们说一是一，说到做到，这就是正定精神！明天我在厂里的大会上宣布，你就是县油泵油嘴厂的厂长。"

邱斌昌很感动，当时眼睛就湿润了。

到油泵油嘴厂没几天，邱斌昌就把因找不到销路而积压的产品全部卖了出去。他还带人开发出一批新产品推向市场，不到一年厂里产值就翻了一番。邱斌昌带来的柴油发电机项目，也成为企业一个新的经济增长点。他带来的先进管理方法，还被复制到其他县属企业。

开放的正定给了邱斌昌施展能力的舞台。他一干十几年，一直干到退休。他获得过很多荣誉，但没多拿一分钱，还把几十万元奖金全部无偿给了企业。他说："我抛家舍业为的是找到一个开明果断的领导，为的是干一番事业，我的愿望实现了。"

与邱斌昌的经历颇为相似，刘玉仲也是一位享誉正定的"外来和尚"。

1982年5月，在一场盛大的技术交易会上，正定县机械厂贴出"招贤榜"——寻找能解决X195型柴油机油耗高问题的技术人才。恰巧，天津工学院（今河北工业大学）毕业的高才生、就职于南皮县机械厂的刘玉仲参会时看到了这张"招贤榜"。很快，他就寄来了一份技术改进方案。

看到这份方案，正定县机械厂如久旱逢甘霖，求贤若渴的他们很快给刘玉仲复信，请他来做技术指导。

南皮与正定相隔比较远，妻子和孩子的户口问题更是"老大难"……思来想去，刘玉仲婉言谢绝。

正定县机械厂的领导向县委汇报了刘玉仲的情况。为了引来刘玉仲，县里破格为他的妻子和孩子解决了"农转非"。

正定的诚意感动了刘玉仲。1982年底，他义无反顾地来到正定。

一到厂里，刘玉仲一头扎进车间，为攻克技术难题，他和技术人员加班加点，仅用四个月就解决了X195型柴油机油耗高的问题。为争创优质产品，刘玉仲七天七夜奋战在实验室，有一次累晕了才被同事们抬走休息。

刘玉仲的努力很快见到了成效。X195型柴油机一举成为全省优质产品，打开了销路，当年盈利45万元。

1983年农历大年初一，平日热热闹闹的厂子一下子冷清下来，家在本县的职工都回家过年了。因为路途远，刘玉仲没回老家，他还想抓紧时间研究一些难题。

"老刘，在不在啊？我来给你拜年了！"

听到院里有人说话，刘玉仲赶忙打开宿舍门。寒风里，习近平和几名干部冲他打招呼，还提着点心。

"呀，是习书记啊，这么冷的天儿，你咋来了？快进屋，快进屋！"刘玉仲连忙说。

"在正定过得习惯不？"

"生活上还有啥困难？"

"听说柴油机技术改进效果不错，目前还有啥难题？"

……

从生活点滴到工作细节，习近平一样一样询问着。

两人聊得投机，笑声不断，冷清的厂子顿时热闹起来。

后来，刘玉仲又给习近平写过一封信，汇报了工作生活中的新变化。

不久，习近平回信了。

"你到正定机械厂工作一年来，与全厂干部职工一起，为振兴正定柴油机工业，做出了很大贡献，特别是经过你与大家的努力，使 X195 柴油机荣获省优质产品证书，并顺利地通过生产许可证的预审，使我县柴油机的生产从'山重水复疑无路'的困境中解脱出来，逐步走上顺利发展的轨道，对此，我代表全县人民向你表示感谢。""希望你谦虚谨慎，戒骄戒躁，再接再厉，努力奋斗。""为我县柴油机的生产开拓坦途，为实现我县的经济起飞做出更大贡献。"

刘玉仲把这封信一直压在案边，时常拿出来读一读。

从此，他再也没有离开过正定，把美好年华和聪明才智都献给了这里。

成立顾问团

"我们地处基层，人才短缺，科技落后，视野狭窄，孤陋寡闻，起步之难您是可以想见的；况且我本人才疏学浅，涉政未深，经验不足，能力有限，也时时感到力不从心。经过慎重考虑，我想求助于您……聘请您为我县顾问。我想，您一定不会拒绝正定县委、县政府及全县 45 万人民的一片诚挚之心的。"

1984 年新年刚过，一封封落款"学生习近平"的信，寄给了全国 100 多位著名专家学者。

此时，"科技是关键，信息是灵魂"已经成为人们的共识，大力改革、搞活经济成为各地的发展方向。想要看得远，就必须站在巨人的肩膀上。在习近平的大力推动下，正定县决定成立顾问团，广泛吸收社会各方面的才智。

诚意相邀，群贤毕至。

很快，数学家华罗庚、经济学家于光远、中国食品协会会长杜子端、眼科专家张晓楼、中国内燃机和汽车工程教育奠基人之一潘承孝、化学化工专家邹仁鋆、农学专家王健、国家文物局工程师杨烈，以及省美协主席田辛甫、省作协副主席尧山壁等各领域的50多位专家欣然应聘，成为顾问团首批成员。

顾问团成立仅半年多，就先后有20多位成员来到正定。他们广泛开展讲学活动，传授科学知识，帮助答疑解惑，进行技术攻关。正定还举办了十年发展规划论证会等，邀请顾问团成员来考察，为制订发展规划出谋划策。

1984年4月，在于光远的建议下，中国第一个农村研究所在正定成立。研究人员认真探讨、研究，就分配制度、土地制度、村级选举等方面的问题做了很多小范围的试验，一些试验具体到经济作物的选择、新品种的选育、新的农业技术推广、农村基本建设、公共设施配套等，为解决农村农业发展中的很多具体问题开辟了"试验田"。

于光远还在三角村搞了一个"循环经济"试点。他把农业生产从空间上分成几层一起搞。比如，一块土地，上面种葡萄，葡萄藤下挖池子养鱼，鱼池周边养鸡，修剪下来的葡萄叶子，鸡可以吃，鸡粪可以做葡萄的肥料，也可以做鱼饲料。这个"循环经济"试点

建设日报

JIANSHE RIBAO

1984年4月5日　星期四　农历甲子年　三月初五　第5222号

正定县聘请省内外专家学者成立顾问团

拜能者为师　请贤达为谋

最近，正定县唱了一出请"诸葛"的新戏，县委、县政府聘请省内外五十三名专家、学者为顾问。人们称赞这是具有战略眼光的有识之举。

去年年底，在机构改革中，正定县组成了新的领导班子。三十一岁的县委书记习近平决心带领"一班人"勇于创新，开拓前进。可在"科技是关键，信息是灵魂"搞活经济的今天，他们深感政策水平低、科技知识差、工作经验少。经过研究，决定四处请"诸葛"，建立顾问团，广泛吸收社会各方面的知识，增加自己的聪明才智。到现在，应聘的教授、专家、工程师、农艺师、编辑、经理等各方面人士已有五十三人。其中有著名数学家华罗庚，经济学家于光远，中国食品协会会长杜子端，河北工学院名誉院长、著名教育家潘成孝等。

顾问团的活动形式和主要任务是：（一）开展讲学、传授知识。今年以来已讲了十次。（二）解答疑难，帮助攻关。（三）举办论证，进行鉴定。如十年发展规划、商品结构布局等，将邀请顾问团到县考察，举行论证会，确保选择最佳方案。（四）提供信息，助办项目。为了帮助正定县发展商品生产，顾问将自己掌握和收集的科研成果、科技情报、市场信息及时向正定县提供，介绍推荐技术人才，并尽可能地帮助上一些生产项目。同时，县里也为顾问们提供实验基地。

顾问团成立后，十分支持正定县的工作。于光远同志拟定了在正定县建立农村研究所的详细计划，八十多岁的潘成孝教授、省科学院院长邹仁裴教授、光明日报技术服务公司经理王惠嘉准备帮助正定具体研究发展工业新项目；省美协主席田辛甫、省作协副主席尧山壁等对正定县发展文化事业提出了好建议。

（高培琦）

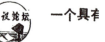

建设论坛

一个具有

听到正定县委、县政府聘请省专家、学者组成"顾问团"的消息禁令人赞叹。这一招真高！

要大规模地发展商品生产，搞村经济，科技知识贫乏不行，生产不灵不行。正定县此次聘良师，请"葛"，不光可以使干部群众学到经理、科学技术知识和经验，而且可大家开阔眼界，及时了解商品信息

1984年4月5日，《建设日报》有关正定县聘请省内外专家学者成立顾问团的报道

吸引了来自全国各地的参观者,引起广泛关注。

作为顾问团成员,张晓楼阔别家乡 40 多年后重回故土。

"张教授,欢迎您回家!"1984 年 5 月,听说张晓楼正在县卫生局给医务人员讲课,习近平特意赶来看望。得知张晓楼身体不好,习近平反复叮嘱:"请保重身体,不要过于劳累。"

此后,张晓楼多次到正定,就白内障、烂眼角等病症普查 3 万多人,给 2000 多人做了复明手术,使正定一跃成为全国 7 个防盲先进县之一。

为提高正定县医院的医疗卫生条件,张晓楼和何玉积极跑办,多方争取资金,最终获得扩建"标杆"医院的宝贵名额,促成了县医院迁建。

每逢有顾问团成员来正定,只要有时间,习近平都要去拜访求教。一次,听说杨烈来给正定修缮古塔,习近平事先嘱咐:"杨工来了,赶快通知我,我去拜访他。"那天晚上,习近平事先定好去参加一个晚会,但当他得知杨烈到达的消息后,立即赶去见面。夜深了,县委办公室的工作人员不知习近平的去向,派人四处寻找,最后在隆兴寺方丈院里找到了他,只见他和杨烈正在热烈交谈。

"正定拥有许多全国重点文物保护单位,应该把文物工作进一步做好,争取早日跻身国家历史文化名城。"顾问团成员之一的尧山壁也向正定文化部门提出了不少有价值的建议,还帮助正定发掘了许多优秀文化人才。

不求所在,但求所用。动员如此多的顶级专家为一个县献智献力,习近平此举,全国少见。一时间,你来我往,"星"耀古城。

建起第一本"人才账"

啪！茶杯重重地砸在桌子上，水溅到桌面上，县里的统计师王世英噌地站起来："我一家六口，住着两间破房，总共才有24平方米。孩子们都十八九岁啦，还得挤在一起！"

"我也说几句！"老教师李铨白接过话茬，"我们正定一中有70多名教师，四年啦，一个党员没发展，知识分子入党真是难于上青天哪！"

……

发言的一个接着一个。

这个场面发生在1984年春天，习近平特意召开的一次知识分子"诉苦会"上。说得激动了、委屈了、气愤了，参会的知识分子有抬高嗓门的，有大拍桌子的。

习近平并没有生气，他说："让他们说吧，说了他们心里痛快，我们心里清楚！"

知识分子曾被扣了多年"臭老九"帽子，没有得到应有的待遇和尊重。习近平深知，这正是知识分子有苦水的原因。

"陈景润出国讲学，节俭度日，把省下的上万元钱交给国家，以及许许多多知识分子积极要求入党的事实，不正是政治进步的最好说明吗？他们为了取得一项科研成果，除八小时正常工作之外，不知熬了多少个不眠之夜，这难道还不足以令那些一张报纸一杯茶，上工不出力、出力不出活的人惭愧吗？他们所具有的独立见解、大胆创新、不怕风险的精神，不正是改革之年需要大力提倡的吗？"在全县三级干部会议上，习近平发出了振聋发聩的提问。

他力排众议，坚持半年召开一次"诉苦会"，"我们领导者的责任，就是帮他们排难解忧，努力使他们处于最佳竞技状态！"

为了帮助知识分子解决生活上的困难，正定县委规定，对中级职称以上的知识分子发给优供证，全部供应细粮，每月增供半斤食油，每年进行一次体检。县里还给 24 名知识分子解决了夫妻分居问题，给 14 人办理了家属子女"农转非"，为 66 户解决了住房难。1984 年 6 月，还特地给全县 103 名有职称的科技人员和优秀教师每人奖励一张名牌自行车票。

曾在"诉苦会"上大倒苦水的王世英后来搬进了一处独院，高兴得合不拢嘴。工作中，他兢兢业业，呕心沥血，一心扑在事业上。

正定县柴油机厂（前身为县机械厂）技师陈国启刚到正定时，由于户口一时没办妥，家里缺粮少煤。发现这一问题后，柴油机厂领导找有关部门给他解决了家属户口和子女上学问题，还提着粮食、拉着煤块送上门。陈国启感动不已，原本给他 16 天的补休假一天也没休息，报到的当天就上了班。厂里的工程师张松游入了党、提了干，家属"农转非"、小孩就学等问题也解决了。他感慨地说："碰上这样的好政策，献出我的生命也报答不完党对我的恩情。"

习近平对人才有独到的理解：人各有志，士各有爱。要使他们处于最佳竞技状态，决不能让学园艺的开机器、学化工的收废品，必须择其长而用之。

习近平说:"在选拔人才时,讲文凭也要讲水平,不拘一格包括不拘文凭,无论是大、中、小学学历,还是'千里马''百里马''一里马',还是二十、三十、四十、五十、六十各种年龄的人,都使用起来、跑起来、积极性调动起来,只有这样,我们的事业才能人才济济、兴旺发达。"

为做好人才安置工作,正定县委大院门口挂上了一块新牌子——正定县人才技术开发公司,程宝怀挂帅总经理。县里还进行了三次知识分子普查,对2300多名大中专毕业生学修专业、业务特长、工作经历、个人爱好等方面逐项摸底,分类汇总,登记造册,建起了正定第一本"人才账"。

"人才账"建立后,县里根据知识分子的德才情况,合理安排工作,先后给543名科技干部评定了技术职称,31人调整到对口专业岗位,基本做到了人得其所、才适其用。排除了思想阻力,冲破了体制束缚,一时间,"千里马""百里马"都跑了起来。

岸下村青年农民黄春生经过十几年刻苦钻研,培育出"冀棉二号"优良品种。经别人推荐,习近平把黄春生确定为自己的科技联络员。在他的支持下,黄春生在永安乡西邢家庄搞了1000多亩试验田,研究粮棉间作。

黄春生几乎每天去地里,挨家挨户指导,那一季小麦亩产1000多斤、皮棉亩产120多斤,各地慕名而来的参观者络绎不绝。县里破格录用他为国家干部,授予其助理农艺师职称,并上调至县农科站,专门从事优种繁育工作。黄春生探索出"中棉十号"大面积丰产的经验,为正定推广"一麦一棉"找到了新路子。

致信大学生

1982年秋季开学，河北农业大学农经系来了一位"特殊"的学生——正定县委副书记吕玉兰。原来，吕玉兰听说农大面向工农干部和劳动模范招生，为提高科学文化知识水平，便决定去进修学习。她一入学，就受到学校正定籍学生的关注。

从吕玉兰口中，大伙儿不断听到家乡发展的新变化，还牢牢记住了给家乡带来这些变化的人——习近平。

"习书记多大了，长什么样？"

"习书记比你们大不了几岁，高高大大的，人家可是清华大学毕业的！"

"习书记知道我们吗？"

"当然知道啦，我每次回去，都给习书记汇报同学们的情况，习书记还让我给大家问好呢！"

……

1983年12月的一个星期天，从石家庄返校的吕玉兰一出保定火车站，就抓紧赶回了农大，高兴地和学校的正定籍大学生们分享了习近平托她给大家捎来的一封信。

"河北农大全体正定籍的同学们：你们好！玉兰同志曾同我谈过你们的情况。我作为在你们家乡任职的县委书记，过去对你们一直关心未及，深感抱歉，望得到谅解……"

习近平在信中，详细介绍了家乡农业发生的巨大变化，也坦率地谈到了他的忧虑："特别是在农村，文化落后、科技落后的状况并未根本改变，陈旧的小生产经营方式的束缚并未取得根本性的突破。而要改变这一切，建设社会主义的现代化大农业，靠什么？很关键的一条就是靠现代科学技术的推广和应用，就是靠掌握这些科学技术的专门人才。虽然'科技热'的浪潮正在广大农村蓬勃兴起，但是心有余而力不足啊，人才更不足啊！"

习近平有忧思，更有期待。他在信中说："农村迫切需要农大学生，农大学生同样也离不开农村。可以说，家乡的40多万父老乡亲都在翘首以待，盼望着你们早日以优异成绩成就学业，为祖国的四化建设挑梁扛柱，竭智尽才。""相信同学们都有着明确的学习目的，都有着奋发图强、献身四化的远大志向，一定是不会辜负这'黄金时代'的宝贵时光的。"

信的落款是"你们的同志　习近平"。

捧着这封来信，同学们一字一句读了一遍又一遍。经过热烈讨论，大伙儿决定，给习近平写封回信。

回信中，同学们表达了用知识报效家乡的决心："河北农大有农学、农经、农机、牧医、植保、园艺、水利等系别，我们正定籍51名同学遍及各个专业。"他们特别提出："尽管我们现在的知识面还很窄，但是如果咱县生产在农艺、农技及农经管理方面遇到什么问题，我们还是希望能尽自己的绵薄之力，与你们一起研究，或者利用在校的有利条件，请老师帮助解决。"

"习书记看到你们的信很高兴，让我多关心帮助大家，嘱咐同学们要好好学习！"此后，吕玉兰成了习近平和大学生之间的"信使"，他们的联系更加密切了。

不久，正定县小客村的农民就向河北农大发出了求助信息。原来，小客村种植的苹果树树龄已经十几年了，按道理应该处于盛果期，但果树光疯长却不怎么结果。园艺系师生热情出手相助，一修剪，来年果树便果实累累。

1984年4月，全国多所高校的正定籍学生收到了正定县委、县政府寄来的一封信，油印的信里落款还盖着大红印章。

信中写道："同学们，你们虽然远离家乡，奔赴各大专院校求学深造，但你们热爱家乡、思念家乡、关心家乡建设的心情，我们是充分理解的。特别是最近一段时间，一封封热情洋溢的信札，带着一颗颗赤诚炽热的心，寄回正定，给我们提出了很多宝贵的意见和建议，并表示愿将自己的聪明才智，无私地奉献给家乡人民。你们不愧是正定人民的优秀儿女。"

信中表达了家乡人民对学子们的期盼："你们这些正定的优秀儿女，也一定会与家乡人民一起，创造正定更加美好的未来。为了充分利用社会智力，发展商品生产，促进两个文明建设，把正定建设得更富饶、更美丽，县委、县政府特邀所有正定籍在外地学习的大学生们，假日莅正搞社会调查，搞街头咨询活动；欢迎你们为各行各业作演讲报告，向各级政府提建议；欢迎你们介绍新技术、新项目；欢迎你们举办各种类型的短训班、技术培训班；欢迎你们搞其他有意义的利国利民的社会活动。对此，我们不胜翘企。"信中还介绍了沟通渠道："如若你们设想好了活动计划，即请函告正定县教育局。"

这封来信，点燃了正定籍大学生们的激情。河北农大的学生说："我们是学农的，农民最需要我们，我们要在这次活动中当先锋！"到了暑假，同学们按所学的专业组成了植保、园艺、农经、农学、农机、水利和畜牧等小组，主动和县里对接，要求到农业生产第一线开展技术服务，并专门为这次活动准备了书籍和资料。

同学们回乡后到县植保站、畜牧局、农业局、种子公司、农机公司等单位"报到"，到田间地头为老乡们提供现场指导。蔬菜专业的同学帮助种子站对大白菜优良品种"正定二桩"进行了提纯复壮；植保专业的同学对全县的棉花进行了病虫害预测，为老乡们讲解怎样喷药治虫；农经系的同学给村干部讲土地承包政策；畜牧系的同学到养鸡场、养牛场、养猪场给畜禽治病。同学们还对种瓜、植棉的专业户进行技术指导。县委和县政府还举办了河北农大咨询活动，现场支上桌子，面对面地为农民解答生产中的疑难问题。正值盛夏，烈日炎炎，可同学们的热情不减，一个个都晒黑了。

一天，同学们接到了通知，习近平要和大家见面。座谈当天，习近平穿着一件短袖衬衫、蓝裤子、黑凉鞋，笑脸盈盈，和同学们一一握手，让大家感觉非常亲切。

"你叫什么名字？学什么专业的？老家是哪个村的？社会实践做了些什么……"几句询问，拘谨的同学们一下子放松了下来。

座谈会上，大学生们畅谈了暑期实践活动的感受，习近平边听边不时点头，还在笔记本上不断记录。

习近平对大家说："同学们，我们是老相识了。你们写给我的信，写得很好，很感人。就是因为你们的倡议，才有了县委、县政府的邀请。你们牺牲了休息时间，利用暑假开展社会实践活动，用自己学到的知识和本领，帮助家乡的父老乡亲改进农业生产，收到了很好的效果，父老乡亲感谢你们，我也要感谢你们，你们辛苦了！"

习近平给大家讲了一个多小时，除了讲学习、讲调研，还从正定的经济形势和发展蓝图讲到"半城郊型"经济，从"十二字真经"讲到"人才九条"。他的讲话既睿智又幽默，大家听得津津有味，不时响起阵阵掌声和笑声。

时近中午，习近平一摆手，冲大家说："同学们辛苦了，中午我请大家吃顿饺子。"平时吃个白面大饼都"稀罕"，一听吃饺子，大学生们非常兴奋。

习近平和大家围坐在一起，边吃边聊。他给大家夹着饺子，热情地招呼着："饺子管饱，都敞开了吃。"同学们都不拘束了，大吃了一顿。

也是在这个暑假，中国人民大学的几名在校生在校团委的组织带领下，从学校出发，寻找人民大学前身的历史遗迹，中途来到了正定县，开展了几天社会实践活动。人民大学师生到正定县的当天，习近平就去看望了他们，并且很支持大家开展社会实践。后来，习近平又和人大师生进行了几次座谈交流，用自己的亲身体会，畅谈如何做好基层工作。

习近平的关心和支持，让大学生们感到特别温暖，特别是正定籍大学生，很多都萌发了毕业后回家乡工作的愿望。习近平告诉大家："我们热烈欢迎你们回到家乡来，为振兴正定、实现正定的经济起飞而贡献自己的聪明才智。我们将尽最大努力，争取有更多的大学生到正定来工作。"这番话坚定了大家报效家乡的决心，河北农大51名正定籍同学中，26人先后回家乡工作，涵盖了多个专业。

1984年暑期，习近平同到正定开展社会实践活动的中国人民大学师生座谈

七、唯有对家乡知之甚深，才能爱之愈切

修复隆兴寺

正定的历史源远流长，悠久的历史，留下了丰富的文物古迹。正定有"三山不见""九桥不流""九楼四塔八大寺，二十四座金牌坊"之说。九楼，即阳和楼、开元寺钟楼、崇因寺藏经楼、府前街钟鼓楼、隆兴寺大悲阁、御书楼、集庆阁、慈氏阁、转轮藏阁（另一说法为：九楼指东、南、西、北四座城门楼，四座城角楼以及阳和楼）；四塔，即广惠寺华塔、临济寺澄灵塔、天宁寺凌霄塔、开元寺须弥塔；八大寺，即隆兴寺、广惠寺、临济寺、天宁寺、开元寺、崇因寺、洪济寺、舍利寺。

经历了"文化大革命"的浩劫，很多古建筑伤痕累累、损毁严重。

忙完一天的公务，习近平经常走访县志里记载的古寺、古塔等文保单位。什么地方有什么文物，文物是什么情况，文物的保护措施做得怎么样，他都了解得清清楚楚。

这些文物古迹中，习近平去得最多的是隆兴寺。

隆兴寺又称大佛寺，坐落于县城东隅，始建于隋开皇六年（586年）。初名龙藏寺，唐时改称龙兴寺。北宋开宝四年（971年），奉宋太祖赵匡胤敕令于龙兴寺铸大悲菩萨金身并盖大悲宝阁，以此为主体，采用中轴线布局扩建，形成了南北纵深的宋代建筑群。清康熙四十九年（1710年）赐额"隆兴寺"并沿用至今。

1961 年，隆兴寺被列为首批全国重点文物保护单位，它是我国现存规模最大的宋代佛教建筑群。著名古建筑大师梁思成曾评价："京外名刹当首推正定府隆兴寺。"

习近平熟知它的历史。1984 年，他在《中国青年》杂志上发表文章《知之深　爱之切》，"向我的青年朋友们谈谈我的第二故乡——正定"，对隆兴寺用足了笔墨——

"规模宏大，气势雄伟，它是正定古城的骄傲和象征。"

"著名的铜铸大悲菩萨高达 22 米，是我国现存最高大、最古老的立式铜铸佛像。"

"隆兴寺中的宝不止这一件。搞书法的人，最看重的是那块隋碑，叫'龙藏寺碑'，碑文书法苍劲有力，上承南北朝的余风，下开初唐书法诸家的先河，是隶书向楷书过渡的代表作。搞建筑的人，则最推崇摩尼殿，这座大殿的结构布局形制奇特，平面呈十字形，立体上富于变化，为国内早期建筑中仅存的一例。至于搞雕塑的人，则最偏爱摩尼殿中的五彩悬塑观音像。"

……

一次，在隆兴寺院内，当看到元代书法家赵孟頫撰写的名碑"本命长生祝延碑"上沾满泥土、周围杂草丛生时，习近平当即找来主管的负责人，提出严肃批评："我们保管不好文物，就是罪人，就会愧对后人。"

隆兴寺内有一块碑，上书"容膝"二字，苍劲从容，落款为"晦菴"。"容膝"二字是宋朝大理学家朱熹所书。当时，寺内工作人员把它拓片装裱，一张拓片卖五块钱。

习近平看到了，告诉随行的工作人员："以后不能拓碑了。要

龙藏寺碑

隆兴寺

把朱熹的题字碑封存起来，保护好。"

经过深思熟虑，习近平提出拨款修复隆兴寺。

当时，县财政并不富裕，还有许多人把宗教文化当成迷信、"四旧"看待，习近平的提议引来了争议。

"这些可都是国宝啊！一旦消失就再也看不到了。我们保护和修复文物，既是对祖先负责，也是对后人负责。这些文物古迹修复好了，将来可以发展旅游事业，给正定增加收入。"习近平说。

在修复隆兴寺这件事上，习近平和贾大山想到了一起。为了争取修复隆兴寺的资金，习近平频频出面邀请国内权威专家前来考察评估。贾大山也往返京城、省城和县城之间数十趟。

1984年4月，正定向上级争取到一笔古建筑修缮专款。利用这笔资金，正定对隆兴寺方丈院、天王殿、戒坛、弥陀殿等进行修缮和彩绘，在戒坛南面修建界碑及牌楼。此外，还修建了西马道，拆除了东马道，动迁居民22户，在寺院外修建了停车场，千年古刹重放异彩。

隆兴寺内的"龙藏寺碑"刻立于隋开皇六年，有近1400年的历史，但因地处低洼，风吹日晒、雨淋水泡，石碑严重风化。对此，习近平要求加以妥善保护，让贾大山负责此事。

如何保护呢？行内的办法是，加高地基并且加装防护罩。办法虽有，但实施起来却不那么容易。因日久年深，碑体已出现多条明纹暗缝，加高地基涉及诸多技术难题不说，还要承担风险。

为做到万无一失，贾大山和县文保所负责人、技术人员，多次奔波于国家和省市文物管理部门。

经过诸多努力，国家文物局的批文很快下来了。批文要求：为防止碑体破碎，达到最佳黏合效果，必须在日平均气温 25 摄氏度以上才能动工，而且要有文物专家现场指导。

于是，贾大山又马不停蹄地开始跑北京，面见全国古文物管理方面的权威人士和中国文物研究所工程师。在争取支持的同时，委托相关专家尽快拿出施工方案，定下具体施工时间。

终于，在国家文物局专家的指导下，这块价值连城的隋碑顺利垫高了地基，装上了防风挡雨的保护罩。

保护古槐树

进出正定县委大院，要经过两棵老槐树。人们习惯了闻花香、纳荫凉，却从没想过探究它们的树龄。

习近平来正定不久，就对苍劲有力的老槐树产生了兴趣。老槐树树干上沟纹纵横，树冠如同一把撑开的大伞，伸开双臂量一量树干，要两个人才能合抱过来。

"这槐树有多少年了？"他问。

人们都答不上来。

习近平说："古树承载着厚重的历史文化，是祖先留给后人的财富。我们不仅要了解它们的历史，更要对它们进行保护。"

于是，他让县委办公室副主任朱博华负责弄清楚树龄。

朱博华随后到省林业部门找专家对这两棵槐树进行鉴定。没想到，它们竟然是明洪武十年（1377 年）修复真定府署时所植。

老槐树原来是"文物"啊！

习近平叫人围上铁栏，挂上古树保护的标牌。

朱博华负责写文字说明，他写了一篇富有文采的《古槐春秋》："君不见今日之古槐，干若苍松之磐礴，枝若疏梅之虬奇，叶若修竹之茂密，花若幽兰之清芬……"

县里还请正定籍书法家傅金铃挥毫，将《古槐春秋》用隶书写在一块长方形木牌上，悬挂于两棵古槐之间。

从县委大院门口的两棵古槐开始，习近平让县林业局搞了全县的古树普查。经查，全县共有百年以上古树 43 株，树龄最长者已有 1400 余年。其中，古槐 38 株，树龄均为 600 年以上；古柏 2 株，树龄均为百年以上。在南圣板村，有一棵古椿树。在天宁寺内，有一棵古榆树。在王士珍故居内，有一棵古紫藤。

1982 年 11 月，县里公布了古树名木的名单，统一在古树周围做了栏杆和标牌，提示大家爱惜和保护。

凡是涉及古城文物保护的事情，习近平都无一遗漏地列入工作日程。

正定古城墙有着悠久的历史，现存古城墙始建于东晋十六国时期，明代时改建为 24 华里的砖城，设 4 座城门、城门楼及 4 座城角楼，4 门均为三重结构，设有里城、瓮城和月城三道城垣。这种形制在全国也不多见。清代多次做过修补，基本维持旧制。清末民国以后，因战事不断，年久失修，加上老百姓缺乏文物保护意识，把古城墙上的砖拆回家修房子、垒猪圈、建厕所，久而久之，县城的很多城墙都被破坏了。

正定县委大院前的古槐树现在仍然枝繁叶茂

习近平让县文保所派人实地测量了古城墙的长度，要求县城建局派专人看管。从此，拆砖拉土等破坏城墙的行为逐渐消失了。

为了让全县文物有一册明细账，习近平提出对全县文物进行大普查。他开会部署，听取汇报，安排县文保所对古建筑、古文物、古文化遗址划出保护范围，竖立明显标志。1982年，正定公布了一批县级文物保护单位。习近平还让县城建局制订文物现场保护规划，纳入全县城建规划之中。

当地干休所退休干部齐尊武酷爱古文化和古建筑研究。习近平夜访齐尊武，就文物保护长谈到深夜。齐尊武被习近平感动，提出了很多有价值的建议。后来，齐尊武还为"大唐清河郡王纪功载政之颂碑"等古碑的碑文进行了注释。

按照习近平的要求，正定的古建、古物和古文化遗址，每一处、每一件、每一地都划出保护范围，设置了明显的标志，目的就是要让全县干部群众人人明白，什么是文物，什么是不可侵占的古建和古文化遗址，为什么要保护文物。

他在《知之深 爱之切》中深情地写道："热爱祖国，热爱家乡，不但表现为对她的河山、民族、历史、文化难割难舍的依恋之情，还表现为对祖国和家乡的命运前途的倾心关注，并甘愿为祖国和家乡的解放和建设事业抛洒热血的献身精神。中国共产党人就是这样最忠诚的爱国者。"

当时，正定对于革命遗址的保护还不是很重视。习近平告诉大家，革命成功不易，新中国来之不易，要把这"不易"化作理想信念的生动教材。

1984 年清明节，习近平和正定县干部群众一起祭扫郝清玉烈士陵墓，对烈士家属表示亲切慰问

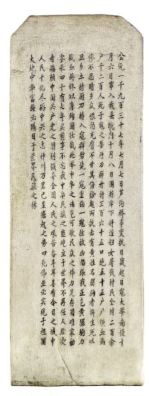

公元一九百三十七年七月七日卢沟桥事变抗日战起寇大举南侵十月六日窜入我县境内十月八日围袭岸下村涅归女屠我村民全阀二百余户千二百人死于寇之兽行刀斫者计三百六十五口妪五十五户稀血为惨不忍睹乡众愤起而抗击有黄姓名生死以且乡土持厨刀捍入寇群誓共中寇重伤一寇毙命一寇挂敌出海忿可歌民众之伟力见斯而知我正气费强勃力战红斫虏以集絅国灿东战中华民众之能屹立于世界不再任人散奔来四十有七年其间事不忘我中华民众之仇恨共产党之明别领导全国人民之坚苦奋斗各年华喜春令之域中人民十化奋扬中兴之志神州万里巳呈腾起之势四化伟业实实现于祖国大地中华富强必腾目于世界民族之林

岸下惨案死难同胞纪念碑碑文

岸下惨案死难同胞纪念碑

在习近平的推动下，县委和县政府对一大批革命遗址进行了修缮保护，并竖立汉白玉碑以示纪念。

城里有一家玉华鞋庄，是 1925 年中国共产党在正定县成立的第一个秘密工人党支部所在地。正定第一批共产党员之一的郝清玉担任支部书记。郝清玉在群众斗争中迅速成长，成为我国北方农民运动的一位杰出的组织者和领导者。1931 年，由于叛徒出卖，郝清玉在天津被捕，1935 年牺牲，年仅 32 岁。习近平指示修缮保护鞋庄旧址，并立碑纪念。

"岸下惨案"是 1937 年 10 月日军侵占正定时发生的一起屠杀事件，习近平请人挖掘整理，开辟成爱国主义教育基地，并亲自审定纪念碑碑文。

组织编写《正定古今》

1983 年 8 月 10 日，正定召开全县青年"三热爱"教育大会。在这次大会上，习近平从正定璀璨的历史文化讲起，说到新中国成立后正定突飞猛进的发展，表达了对建设美好未来的憧憬和信心。大会是习近平提议召开的，他想用历史、用爱国主义来激励广大青年热爱家乡、振兴正定。

这次大会后，县里出现了一个从来没有过的现象。

很多部门、单位派人到县委办公室要习近平的讲话稿，还有很多教师自发骑着自行车来到县委，也是想找这份讲话稿。他们说，听了习书记的讲话，感到有些惭愧，又很激动。惭愧的是，作为土生土长的正定人，自己从没有沉下心来了解家乡的历史文化；激动的是，家乡原来有这么多闪光点，很多人暗暗确立了"振兴正定"的志向。

这篇讲话，就是习近平后来公开发表的《知之深　爱之切》一文。

他在文中写道："要热爱自己的家乡，首先要了解家乡。深厚的感情必须以深刻的认识作基础。唯有对家乡知之甚深，才能爱之愈切。"

在1984年初的一次县委常委会会议上，习近平提出了一个重要议题，要编写一本关于正定的书。

他说，新中国成立以来，正定发生了很多新变化，认真加以总结，对统一全县干部群众的思想很有好处。正定是个人杰地灵的地方，历史上有很多名人，鉴古励今，可以让读者对正定有更深入的了解。

县委常委会研究以后，同意从办公室抽调几位同志负责书稿的前期工作。

县委办公室的同志开始收集资料，但是，在"文化大革命"中好多文字资料被毁了。大家犯了愁："巧妇难为无米之炊，这书可怎么编啊？"

他们找到习近平求援。习近平拿出两套书的复印件，郑重地交给他们："这是一套《真定府志》，还有一套《正定县志》，对正定的历史有详细记载。"

这些典籍虽然都是复印件，上面的字模糊难辨，但却起到了大作用。一个月后，书稿目录整理出来了。全书计划分 13 章，书名《美好的正定》，送给习近平审定。

看过后，习近平提出了修改意见，强调一定要用写实的手法编这本书。他说，总体不错，就是感觉有点虚。比如第二章第二节，写"改革开放春风吹，人民欢呼赞县委"，不能这样写，要客观描写，用事实和数据说明。

针对《美好的正定》这个书名，习近平说，美好不美好还要听人民评价，可用写实的手法叫《正定古今》。

按照习近平的意见，经过一周的修改，新的书稿目录形成了，全书共分上、中、下三篇。上篇主要写建制沿革、自然概况、经济概观、科教文卫等；中篇主要写常山英烈、历史名人、名胜古迹、文学发展和民间习俗等；下篇主要包括风物传说、古代诗歌和当代文论。全书共 17 章。书稿目录再次报习近平审阅后，交由县委常委会研究确定。

《正定古今》编写组很快成立，两任县委办公室主任先后主抓这项工作，县委办公室资料组干事石文生具体负责，并从县直单位、乡镇抽调 18 个人负责编写。其间，习近平经常为编写组答疑解惑。

1985 年 2 月 15 日，《正定古今》一书初稿完成，全书约 45 万字。习近平看过初稿后，提出了许多具体的修改意见。他告诉编写组，《正定古今》是一本综合性的书，要向各方面人士反复征求意见。同时，还要力所能及补充一些照片资料，使这本书既有史料价值，又有可读性。

此后，书稿又反复进行几次修改。习近平每一次都参与并提出

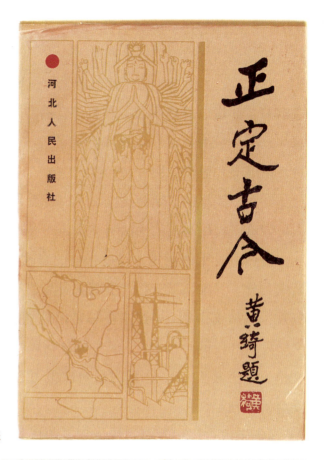

《正定古今》封面书影

1987年5月，习近平为《正定古今》作序

具体意见，就连封面设计也亲自过问。

在编写组找到的资料中，习近平为书稿挑选了三幅封面图片。上面一幅是隆兴寺的大悲菩萨，象征着正定源远流长的历史；底下两幅，分别是正定地图和正定工业发展图，预示着正定以经济建设为中心发展得越来越好。习近平还邀请省书法家协会主席黄绮题写书名"正定古今"。

这本书编写得很细致、很全面。后来，正定方面又组织人员再次进行修改，并把书稿寄给已到厦门工作的习近平。

收到书稿后，习近平仔细阅读，又提出了修改意见。

1987年5月，经习近平修改的书稿被送回正定，这就是《正定古今》的最终稿。1987年7月，《正定古今》由河北人民出版社出版。它是在新形势下以新的体例写成的一本新书，是半个世纪以来第一部系统、全面介绍正定县情况的出版物。

出版前，按出版社要求，这本书要有主编、编委，编写组建议由习近平担任主编。

习近平婉言谢绝了："那样不太合适，主编就是主要负责编写的同志，其他参与编写的同志都很辛苦，要写篇后记进行说明。我写篇序还是可以的。"

习近平在1500多字的序中写道："《正定古今》的出版，使我如愿以偿。我为这本书的诞生而祝贺。""我们有了这本书，就可以更好地鉴古励今，从实际情况出发，制定经济、技术、社会发展战略规划，对正定繁荣昌盛起到一定推动作用。"

把乒乓球业余体校搬到县城

正定留村乒乓球业余体校建于 1974 年，是当时全国唯一一所由农民创办的业余体校。

每次到留村公社检查工作，习近平总要到体校看看，询问办学当中有没有什么困难。

一次，习近平到宋营公社下乡，从留村路过的时候顺便来到体校。此时，体校的学生樊建欣刚被选入国家队。校长王庆广向习近平汇报了这个喜讯，他听后非常高兴。

"在村里办乒乓球体校，教练可是个大问题，你们在这方面有没有困难？"习近平问。

王庆广本来不好意思说困难，怕给领导添麻烦，但习近平直截了当问到了，他也就不藏着掖着了："习书记，你一下就问到点子上了。教练都是体校自己培养的学生，存在人手短缺、工资太低等问题。"

王庆广告诉习近平，体校有个教练叫王素梅，是体校第一批学生，现在正带职进修。她工作很出色，樊建欣就是她教出来的学生。王素梅白天上学，晚上和星期日回来训练，很辛苦。但她工资很低，希望组织上能根据情况，帮她解决困难。

习近平听后，让王庆广把王素梅的情况写一份书面材料给他。材料弄好，已经上午 11 点多了。

河北正定国家乒乓球训练基地

下午 3 点，县人事局给王庆广打来电话："县里给你们体校的王素梅涨了一级工资，你来办手续吧！"

涨了一级工资，王素梅更有干劲儿了。后来，她被评为全国优秀教练员。这件事，极大地调动了其他教练的工作热情。

那段时间，留村乒乓球业余体校在全县比赛、石家庄地区比赛中都取得了很好的成绩，向国家队输送了樊建欣、成红霞两名队员。一个农民创办的业余体校能向国家队输送两名队员，这在当时是个奇迹，轰动了全县。

习近平多次到留村体校调研，鼓励王庆广把体校搬到县城。

习近平说，乒乓球体校建在一个村，选拔苗子的面太窄，不如搬到县城，在全县挑选乒乓球苗子。另一方面，体校名声在外，有很多举办大型比赛的机会，如果留在村里，受到场地条件限制，很多事情都办不好。

体校曾经举办过两届河北省业余体校乒乓球比赛，每届都有200 多人来留村吃住。王庆广带着教职工在操场临时搭帐篷当食堂，在教室里把桌子拼起来当床铺，给孩子们买了 200 多个小蚊帐，从县招待所拉来杯子、盘子、碗。即使这样，后勤仍然搞不好，因为村里的条件实在太有限了。

开始，王庆广还有些保守，舍不得离开留村。经过习近平做思想工作，他认识到不搬的话，正如习近平所说，体校的生源受限制，举办活动受限制，学校发展受限制。

1984 年夏天，留村乒乓球业余体校启动了搬迁计划。县里给了体校 4 亩多地和资金支持，王庆广又自筹了 15 万元。从筹备搬迁、征地、盖房子，一直到 1986 年初学生全部搬过来，前后经历了两年左右的时间。后来，学校改名为"正定乒乓球业余体校"。

这所乡村业余体校，逐渐发展成为国家级训练基地，成为国家乒乓球队的福地、世界冠军的摇篮。从这里出发，国乒队员们出征过5届奥运会、9届世乒赛，邓亚萍、刘国梁等队员夺得奥运金牌15枚、世乒赛冠军41项。

支持民间办学

农村实行大包干以后，大批农民腾出手脚向商品生产进军。农民对知识和技术的需求非常迫切，但公办学校又不能迅速建立起来，这就对教育提出了新的要求。

习近平深知开发农村智力资源的重要性——再也不能让"面朝黄土背朝天"的百姓把"穷"和"白"传给子孙后代了。

他提出，要搞好教育文化事业，大力支持和鼓励民间办学。在他的推动下，县委和县政府对民间办学"大开绿灯"。只要办学人员申请，经县教育局审核即可批准开办（特种行业如无线电、修锁等还需经公安部门同意），减少申请办学的中间审批环节，各个部门均不得设卡。同时，对私人办学热情扶持，帮助排忧解难，使其茁壮成长，迅速发展。

1983年夏末的一天，隆兴寺旁的一个书画亭里，习近平一边饶有兴致地观看，一边和卖画的大姐王素华攀谈。

"买卖怎么样？"

"刚卖给外国人两张画。你看，外国人都喜欢中国画。我们可想办一个教中国画的学校了。"

"好啊，这个想法挺好。"

"你赞成也不管用啊。"王素华看着这个常来看画册的年轻人心里想。

王素华和丈夫张银辉喜欢画画。这两年，看到买画的人越来越多，两人卖掉了准备盖房的砖，凑钱在通往隆兴寺的街道上租了一个铁棚子经营书画。后来，两人又萌生了办一所个体美术学校的想法，可场地、资金都是问题，建校谈何容易。

让王素华没想到的是，第二天县委来人了，让她去谈谈办美术学校的事。王素华来到县委书记的办公室，进门一看，县委书记原来就是那个常来看画册的年轻人。

习近平认真听了王素华关于开办美术学校的想法。

他说："这是好事，应该普及美术方面的知识。你们要注意从基础开始，以培养美术人才为主。"

几句话说得王素华心里热乎乎的。

此后，习近平协调有关部门，帮助王素华夫妇解决了建校困难。县里专门批了两方木材用来制作学校的桌凳，印刷厂破例将夹纸板卖给他们当床板，县城建局帮助他们解决了校舍问题。夫妇俩又靠贷款、卖画，凑足了办学经费。

为了提高教学质量，张银辉和王素华鼓足勇气到石家庄市找到省美协主席、著名画家田辛甫，恳请他担任学校的美术顾问。

田辛甫欣然应允，他说："习书记支持你们办学，我不仅要当顾问，还要去尽义务，给孩子们上课。"

1984 年冬，习近平在正定县文化馆参观田辛甫（后排左三）画展后和有关人员合影

田辛甫又推荐了中国美协会员、省群艺馆山水画家江枫到学校授课。

万事俱备，张银辉和王素华通过石家庄市广播电台，正式播出了招生消息，然后忐忑地等待回音。没想到，消息一播出，一个月就有170多人报名。为慎重起见，他们筛选了30名年龄在30岁以下、有一定绘画基础的青年。1984年1月25日，艺文斋美术学校正式开学了。

从1982年10月起，短短两年间，正定民间办学蓬勃发展，共开办私人学校41所。在这些学校中，有的是农村中有一技之长的"能人"自筹资金，自办自教；有的是集资联办，集体管理，聘人任教；还有的是民间团体组织办学。

这些私人学校设置了无线电、钟表、剪裁缝纫、工程建筑、制镜、木工、汽车修理、机电、美术、照相10个专业，毕业学员4800多人。据统计，从职业学校毕业的学员月收入最低的六七十元，最高的400多元。

八、刹住新的不正之风
没有气势不行

主持制定"六项规定"

1983 年 7 月的一天，在正定县农村的一条土路上，一辆吉普车陷在泥泞里。习近平带着几名干部正下乡调研。

一名干部见村民走了过来，便请他帮着推车。不料，见是当官的，村民不仅不推，嘴上还骂骂咧咧，绕行而去。

这名干部正要发火，一旁的习近平一把拉住他说："群众为什么骂人？应该反思我们自己。"

党风的好坏，决定人心的向背；人心的向背，不但决定着社会主义建设的命运，也决定着党的命运。到正定一年多了，习近平一直在思考干部作风问题。

也是这个月，为进一步完善家庭联产承包责任制，根据群众的要求，县里决定调整合并承包地块，并明确规定田间树木不准砍伐毁坏。

可是，留村公社赵村大队一些干部无视党纪国法，生产队干部公开策划砍伐树木。大队主要干部知道后，不仅不制止、不报告，还指使亲属参与砍伐，仅大队党支部书记王新堂一家就分了20 棵树。

群众对此非常气愤，骂这些胡作非为的干部是社会主义的败家子。

7 月 16 日，县委、县政府和公安司法部门在留村公社召开现场会，严肃处理该公社赵村大队毁坏农田林网事件。决定撤销王新堂大队党支部书记职务，并开除党籍，公安机关将其依法逮捕。其他有关当事人也一并受到处理。

8月16日，全县党的基层组织工作会议在正定县人民礼堂召开。习近平将这起事件作为一个典型案例，在讲话中进行了严厉批评。

他说："一些干部说话没人听，做事没人帮。你在前边走，人家在背后戳脊梁骨，还谈什么以党风带民风呢？这些问题说明，党的建设、思想政治工作不是软任务而是硬任务，不是无形的而是有形的，忽视了这项工作，就会给党的事业造成有目共睹的损失。因此，党的建设、思想政治工作非抓不可，非下力气抓好不可。"

在党的十一届三中全会路线指引下，解放思想、改革开放、发展经济的春风在神州大地吹起。但在正定，一些党员干部贪图安逸、纪律松弛、精神不振、作风漂浮。有的干部存在官僚主义，工作拖拉，遇事推诿，不负责任；有的干部存在形式主义，不调查，不研究，拍脑袋决策。群众评价这些干部的作风：听了不信，看了不服。

习近平对这种干部作风非常反对。1982年8月27日，在县委落实政策工作会议上，他说："共产党人是有鲜明的立场的，支持什么，反对什么，旗帜要鲜明，特别是在大是大非面前，态度要明朗。"

1982年9月，党的十二大在北京召开，会上明确提出，今后五年要实现党风的根本好转。1983年是力争五年内实现党风根本好转的头一年，习近平把这项工作牢牢抓在手上。

党风、党纪在遭受十年内乱的严重破坏后，整顿的任务比任何时候都更加艰巨更加重要。

"执政党的党风问题是关乎党的生死存亡问题，不但已为历史经验所证明，也是已为现实无数事实所证明了的真理。""如果党风不能根本好转，党的路线、方针、政策就不能认真贯彻执行。"1983年4月11日，在全县第四次党的纪律检查工作会议上，习近平强调，"各级党组织要把抓党风作为关系党的生死存亡的大事抓，只有全党抓党风，才能尽快实现党风的根本好转"。

1983年10月，正定县新的县委领导班子在机构改革中产生，习近平任县委书记。

打铁还需自身硬。为更好地开创正定县社会主义现代化建设新局面，他提出，县委要认真改进领导作风。

习近平主持召开县委常委会会议，专题研究转变作风，统一县委班子的思想，下决心解决浮在上面的老毛病，树立沉到基层的新风气。

一天晚上，处理完当天的事务，习近平把县委办的几位同志叫到办公室，说打算出台一个关于改进领导作风的规定，接着就讲了思路，讲得非常细致。他告诉大家，规定应该包括哪些方面，连主要内容也都指了出来。

县委办的同志们马上回去起草文件，按照习近平的思路，认真研究、反复琢磨，两三天就拿出了初稿，交习近平审定。

习近平提出了一些具体的修改意见，并交代要分头征求其他县领导的意见。

之后，经过认真推敲、细致打磨，文件提交县委常委会研究。

1983 年 12 月 6 日，《中共正定县委关于改进领导作风的几项规定》印发，一共六条内容，被称为"六项规定"。内容如下：

一、总揽全局，抓大事。要把主要精力放在党的路线、方针、政策的贯彻执行上，自觉地在政治上同党中央保持一致。县委的工作，要统筹兼顾，突出重点；对每个时期的工作重点，县委成员要同心以对，协力以保，既认真搞好自己分管的事项，又保证全局工作胜利完成。县委既要加强统一领导，又要大力支持县政府和各职能部门积极大胆地行使职权，保障他们根据党的政策和县委安排，创造性地开展工作。对于会议、接待等项活动，由涉及到的常委或负责人主持、出面，不干扰全局。

二、反对官衙作风，注重工作实效。要在调查研究上狠下功夫，实现新的突破。县委常委都要在农村和厂矿学校建立若干个联系户和联系点；每年要有三分之一以上的时间深入基层，研究新情况，解决新问题；每人每年要有计划、有目的地摸透几件事，从中找出规律性的东西，并亲自或主持写出两篇以上有指导意义的文章。常委对自己职责范围内的工作，要有主动和果决精神，不把自己应该而且能够处理的事情，推给书记或提交常委会解决；批复或答复问题，一般不要超过 3 天，属于紧急事项，要在当天办结；上级示办事项，要按照要求及时办理、呈报。工作要注重实效，力戒仅仅止于发出号召、做出安排，多在实施、落实上花气力；不仅要有长远的总体规划、总体指标，而且要有短期计划、阶段指标，做到月有所

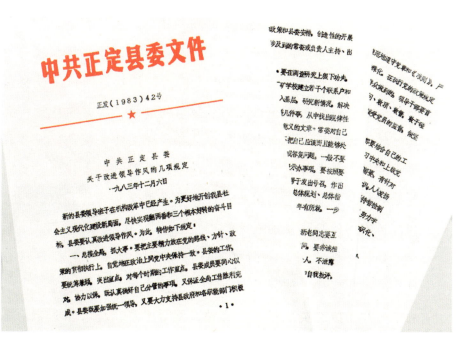

1983 年 12 月 6 日，正定县委印发改进领导作风的"六项规定"

成，年有所就，一步一个新气象。

三、搞好"一班人"团结，维护县委领导的统一。新老同志要互相尊重，互相支持，互相学习，取长补短。领导成员之间，要赤诚相见，不搞厚薄亲疏。要有坚强的革命原则性，不背后议论人，不泄露党的机密。要坚持每季召开一次常委生活会，开展批评和自我批评，不断增强团结，改进工作。

四、以身作则，不搞不正之风。模范地遵守党章和《关于党内政治生活的若干准则》，严于律己，清正廉明，不以权谋私，不搞特殊化，在执行党的政策规定和遵守公共秩序上，要求一般干部和广大群众做到的，领导干部要首先做到。对各种不正之风，要坚持原则，敢问、敢顶、敢管，敢于碰硬。要以普通党员身份参加党小组生活，自觉接受党员的监督，做坚持和发扬党的优良作风的表率。

五、加强学习，不断提高领导水平。每个常委都要结合自己的工作实践，学习马列主义、毛泽东思想的基本理论，学习中央和上级党委的指示、文件，学习经济、技术和业务。要根据工作需要，有针对性地聘请有理论、有技术专长的人开课，给常委讲授专业知识；人人发扬"钉子"精神，挤时间读书，有计划地进行系统学习。要坚持知检制度，每年对常委的"三化"情况进行一次测试检查，激励人人努力学习，建立合理的知识结构，掌握现代管理手段，实现革命化、知识化、专业化。

六、树立雄心壮志，为四化争先创优。在四化建设中，每个领导成员都要以拼搏精神，开拓前进。在国内找出各类同行业的先进典型，发愤比学赶超，力争使自己分管的工作在全区、全省、全国居于先进地位，为振兴正定、建设四化贡献力量。

这份"正发（1983）42 号"文件，仅 1200 多字，要求具体，可操作性强。

"六项规定"一出台，全县上下反响强烈。广大干部认为，这"六项规定"找准了当时突出的作风积弊，为领导干部定下了规矩，形成了制度，具有极强的针对性和重要指导意义，从中可以看出习近平对党风建设的持续思考和一贯坚持。

兴起调查研究之风

规矩定下，制度形成，如何落实？习近平始终放在心上。

1984 年 3 月底的一天，正定县委、县人大常委会、县政府、县政协四大班子领导成员，同时收到一封内容相同的信，署名：习近平。

各位同事：

大家上任半年多了，人们还习惯称我们"新班子"。我体味，其中不无期盼之意，上上下下都希望我们有一个新作风。初任伊始，县委作出了关于改进领导作风的几项规定，提出反对官衙作风，注重调查研究，以每年三分之一时间深入基层而自律。由于实行不力，尚未成风气。现今，全年工作已基本部署就绪，大量工作转向落实，我们要脱身冗务，着眼于基层，着眼于实际。大家分包各线，联系乡镇，要多下去走一走，看一看，实实在在地调查研究一番，多了解一些真情实况，长一些真知灼见，更有效地指导工作，解决问题。

凡事务求贯彻。到基层调查，要一下到底，亲自摸情况，直接听反映，寻求"源头活水"。可以登门入户，4月份每人了解10个典型。除本人联系户外，还要顾及到"两户一体"、知识分子、老干部诸方面。调查可围绕各阶段中心工作和突出问题进行，失误不足，要求愿望，意见建议，都可列入调查范围。调查所得，要整理加工，形成自己的意见，直接告我。

深居简出，习之已久，愿能以此为开端，兴起调查研究之风。

祝

工作顺利

习近平

一九八四年三月二十八日

"习书记这回较真了啊！"

接到这封信，县四大班子领导都坐不住了。

调查研究之风从县委大院兴起，吹进机关、乡镇。各级干部一头扎到基层，调查研究，发现问题，找出办法，很快形成了一批调研成果。

何玉下乡调研后发现不少问题：一些农村小学的操场都被占了，放柴火的、堆沙子的，很普遍；体育设施稀缺，学生们想打个篮球都没地方去……

习近平看了她的调研报告后很重视，在县里召开会议，启动"农村小学腾操场"工作，要求在各操场安上篮球架。学生们终于有地方锻炼身体了。

县委大院里的人都知道，习书记从不在办公室闲坐。

到正定工作后，他做的第一件事就是调研。担任县委副书记期间，他创建了干部联系社员户制度。县委正副书记和其他常委以身作则，每人建立了5个联系户。全县870多名干部共建立4300多个联系户。每名干部每月拿出3至5天时间到各户，帮助安排副业发展项目，解决良种、技术、资金、产品销售等方面的问题。

1983年4月22日，习近平叫上李亚平，两人骑着自行车出了县委大院。这一走就是一整天，他们连着跑了二轻机械厂、木制厂、色织厂、制酒厂、棉织厂5个厂子。

调研中，县制酒厂暴露出的问题让习近平皱起了眉头。

这是个亏损严重的企业。厂里170多人，却没有一个技术员。近来厂里新上了生产酒精的项目，从外地聘请的工程师主持试制，一个多月前试产成功，可工程师一走，却又连一斤酒精也制不出来了。

没办法，制酒厂又从石家庄请来3位内行帮忙，眼看酒精快要制出来了，却又都漏掉了。一查原因，原来是酒精塔的组接处本应用石棉垫密封，可他们为了省钱，用了马粪纸。时间一长，必然要漏。

1983 年 10 月，习近平在正定县城大街上临时摆桌子，听取群众意见

　　调研一直持续到天黑，习近平边看边问边思考，摸清了企业存在的问题就是缺少技术人才。

　　一天工作结束，夜深了，李亚平把当天的调研情况记入工作日记准备下班时，发现习近平房间的灯还亮着。

　　此时的习近平，还在苦思冥想，寻找解决问题的办法。在三天后的全县"放宽政策、振兴经济"三级干部会议上，他总结出正定引进人才存在的三个问题，同时提出排除思想阻力、认真搞好人才开发工作等四条解决措施。

　　真正的调研就是要摸到实情，听到真话。习近平调研一般不打招呼，不让人家事先准备，而是直接下乡、下厂、入户。在正定工作期间，他转遍了全县 25 个乡镇、221 个村。这一时期正定形成的许多文件和重大决策，都跟这些调研有关系。

　　"走，我们去找人聊聊。"1983 年夏收后的一天，习近平叫上石文生又下乡了。

　　他们到了永安公社三角村大队，进了村直奔大队部，准备找几位大队干部谈谈。结果吃了闭门羹，大队部关着门，一问村里的人，说干部们到地里劳动去了。

　　"这是好现象，咱们今天也不在这里等了，到村外田地里看一看，哪里人多咱们就到哪里去。"习近平说。

　　骑车来到村外，有十来个人正在锄草、间苗。看到地头还放着几把锄头，习近平饶有兴趣地说："来，咱们先跟他们锄地。"说着，就拿起锄头下了地。

　　当时地里的玉米苗已有半尺高，穿着长袖衬衫不方便，习近平就把袖子撸起来。见他的手法和老农一样熟练，紧跟在后面的石文生很惊讶。

干完了活，习近平站起身擦了把汗，跟生产队长说明了来意："队长，我们是来向大家征求意见的，趁着歇晌咱们一起开个会吧。"

习近平先和大家唠家常，然后聊了生产队粮食提留问题，还让大家谈谈正定县将来怎样发展才好。大家你一言我一语，想到哪儿说到哪儿。

"三角村离县城很近，种点儿经济作物供给县城，不是更好吗？"大伙儿七嘴八舌。

听到大家的建议，习近平当场表态："这个问题我们会认真研究。"

回去后，习近平马上召集会议进行研究。不久，多种经营就有计划地在正定全面铺开了。

成绩面前，如何倾听群众呼声，百尺竿头更进一步？

习近平认为，以往调研中下面汇报工作存在报喜不报忧的现象，县委和县政府要探索一条接受群众监督、了解真实民意的有效途径，以便集思广益。

很快，习近平想出了新办法："搞问卷调查！"

县委办的同志乍一听有点儿懵，这在正定可是件稀罕事，"以前没人搞过，不知如何着手啊。"

"不知道怎么弄，不会学吗？"习近平说。

"习书记，主要是不知道问题该怎么设计。"李亚平面露难色。

"设计问题应该围绕老百姓对县委、县政府工作的反映和评价。"习近平说。

1984 年 10 月，习近平在正定县城街头发放民意调查表

1984 年 10 月上旬，5600 份民意调查表印制出来。

调查的项目有：对 1984 年正定县工作最满意、最不满意的事情是什么？当前改革工作的主要阻力和障碍是什么？哪些方面急需改革？整党中应突出解决哪些问题？1985 年县委、县政府要抓紧办什么事？

问卷有了，如何调查？除将调查表通过各乡各单位发放外，习近平提出："到街上去！"

正定县历史上第一次问卷调查正式启动了。

10 月 8 日，正逢县城大集，街市上车水马龙、熙熙攘攘。习近平带着县委工作人员来到十字大街，摆上桌子和长条凳子，把调查表发放到群众手中。

"民意调查表"，有人拿着表念出了声，知道是咋回事后，主动凑到习近平前面来拉话，不一会儿，引来众人围观。习近平请大家坐下来聊，当场征询意见，解答大家的问题。

调查表收集上来后，县委和县政府组织专门班子进行分类归纳和综合分析，写出了专题报告。1984 年 12 月 14 日，正定县委和县政府发布告全县人民书，感谢广大干部群众在问卷调查中积极向县里提出意见和建议，并将采纳情况公布于众，要求各有关部门和单位制定改进措施，抓紧落实兑现。

在广泛征求群众意见的基础上，正定县委初步制订出全县 1985 年工作计划和要抓紧办的十件大事。

后来，正定县委决定，今后每年都要搞一次问卷调查，并形成制度坚持下去；为便于群众平时提批评建议，在县委、县政府和各乡政府门口设意见箱；在县信访科设批评建议台，专人接待，及时向领导转达；对好的批评建议除及时采纳外，还要在全县通报表扬。

开展"效率月"活动

"六项规定"出台不久，习近平又下定决心搬"文山"、填"会海"。

事情缘起于一次调研。

1984 年 3 月初，习近平和县委办公室的两位同志下乡到了朱河乡，乡党委书记一见习近平，就诉起苦来。

"2 月份，乡干部上县里开会 17 次，再加上乡里的会，会太多了！似乎积极工作的表现就是干部们聚在一起没日没夜地发言、讨论、研究。"

"还有，要求上报的报表、总结、汇报和县里各部门下发的文件、简报、通知，太多了。上边来人，都点名要乡党委书记和乡长接待，迎来送往，太耗费精力了。"

年轻的乡党委书记竹筒倒豆子般地反映了一堆问题。

习近平的脸上露出了愠色："这件事要在常委会上研究。"

他非常严厉地说："要搞无会议日，每周起码两天，全县严格执行。除县委、县政府和公安局三家外，其他单位一律不准出简报。违反者，第一次警告，第二次直接没收打字机。县机关干部下乡，找对口人员联系，不能大事小事都缠住书记、乡长。"

"都说习书记说实话，做实事，果真是这样。"乡党委书记心生敬意。

1984年3月10日，县委、县政府关于改进文风会风的规定印发，力度之大、措施之实，前所未有——

县委、县政府各类文件均在去年的基础上压缩三分之一；

综合性会议报告一般不超过七千字，单项会议报告一般不超过五千字，向上级报告工作一般不超过三千字，工作简报一般不超过一千字；

全县三级干部会议一般每年不超过两次，局部性和阶段性工作一般不召开会议，可以采取文字通知、电话会议、分片传达部署或领导深入基层直接交代的方式进行部署；

建立会议审批卡制度，批准后始得举行，乡党委书记、乡长参加的会议经县委书记、县长批准，其他领导班子成员参加的会议经主管书记和副县长批准……

1984年6月29日，在全县经济工作会议上，习近平提倡："说短话，开短会，发短文件，能当机立断的事，就不要推诿扯皮；能三四个人面议的事，就不要找一帮人来作陪；开半小时会能解决的问题，就不要开一小时会。"

一次县里开人代会，刘成永坐在习近平身后，习近平作报告前特意摘下手表递给他说："你看着这表啊，我就讲半个小时，误差上下不能超过一分钟。"等习近平讲完，刘成永看了下手表，误差只有十来秒。

不弄花架子，而是动真格。

每周二、三被确定为正定县直机关无会日。第一个无会日到了，习近平对县委办工作人员说："你们去了解一下执行情况。"

按照习近平的要求，县委办工作人员迅速做了调查，结果发现，仍有五个县直单位照常开会。询问原因，回应是：不开会，怎么布置工作？真别扭。

"不行，就是要别扭别扭。会议缠身，实际工作怎么干？"习近平说。

这五个单位受到县委通报批评。后来，人们逐渐习惯了每周的无会日。

领导干部虽从"文山会海"中解脱出来，但是议而不决、决而不行等不良作风还普遍存在。尤其是一些机关单位的负责干部，工作敷衍，办事拖拉，成为推进各项工作的"中梗阻"。

"简化办事程序，反对拖拉扯皮。"1984 年 7 月 1 日，正定县委办公楼外挂出了这样的标语。

在习近平的倡议下，"效率月"活动正式开始。

此前的 6 月 28 日至 30 日，在正定县召开的县乡两级主要负责人会议上，习近平对开展"效率月"活动进行了动员部署。"效率月"活动围绕改进机关工作作风，提高党政工作效率，一抓令行禁止，二抓文风会风，三抓办事时效，四抓敢于碰硬。

县委和县政府发出开展"效率月"活动的通知后，各单位迅速行动，党政机关门口都挂出了"时间就是金钱，效率就是生命""令行禁止，改进会风，简化手续，敢于碰硬"等标语。

县委和县政府领导率先从自身做起。一天，习近平原计划研究一篇经济文章的提纲，但这天因事多没研究，有人劝他改日再说，可他坚持当日事当日毕，从晚上直到次日凌晨一点半才研究完。

县委领导带头，给下属机关作出榜样，激发了大家的干劲，提高了办事效率。

县委政法委印发了一份关于保护专业户的布告，这在以前要经这个部门批、那个单位研究，最快也得半个月才能印发，可这次仅用半小时就完成了批办手续。

在"效率月"活动中，县委要求各级干部特别是领导干部，认真进行"四查四树"：一查组织纪律性是强是弱，树令行禁止的领导作风；二查文件会议质量是高是低，树新鲜健康的文风会风；三查办事速度是快是慢，树讲求时效的工作作风；四查处理问题是硬是软，树敢于碰硬的负责精神。

同时，全县各部门都建立严格的岗位责任制，提出明确的经济工作指标和职能任务要求。乡镇、部门与县签订责任状，由县委和县政府检查执行情况。县委和县政府的工作情况受乡镇、部门监督。年终，根据工作情况进行奖惩。

"速度就是效率，协调就是效率，简化就是效率，责任明确就是效率，最小失误就是效率，办一件事成一件事就是效率。"这是习近平对"正定效率"的注解。

"效率月"活动的开展，使广大党员干部一扫过去拖拖拉拉的作风，解决了一批久拖不决的问题。

县化肥厂与树林村因征地补偿不到位产生纠纷，20多年问题一直没有解决，矛盾一度激化。1984年7月7日，县政府办公室召集经委、化肥厂、城建局三家共同协商，只用一个小时就达成了合理补偿协议。

"效率月"活动开展之前，县商业局发生过一起典型的"拖延症"

事件。25 个基层供销社急等着与商业局签订承包合同，但反复折腾了好几个月，合同还躺在商业局抽屉里"睡大觉"，一份也没签。

活动开始后，县商业局大力整顿作风顽疾。行动怠慢、拖而不办或顶着不办的要追查责任，直至停发奖金、调换工作。30 多名干部一竿子扎到基层供销社，两天就与 25 个基层供销社和 13 个公司签完了承包合同。

提高党组织战斗力

1983 年 7 月，习近平让县委有关人员对全县党的基层组织状况进行了调查。一番调查下来，结果让人震惊！

全县 446 个大队和社直党支部，只有 173 个坚持了组织活动，占 38.8%；基本上没有活动的有 34 个，占 7.6%。有些大队 1983 年以来没有开过一次像样的党员会，偶尔开会，也是松松垮垮，到会党员不足半数。县直单位也有相当一部分常年不过组织生活的党支部。

在有些单位，党的生活成了一潭死水，党内正常的批评和自我批评没有了，党员先锋模范作用不见了，党的方针政策很难贯彻落实，工作很难打开局面，往往成为"老大难"。

习近平主持召开县委常委会会议，认真分析这一情况，发动大家集思广益，研究在新的历史时期如何坚持和改善党的领导，提高党的战斗力。

在 1983 年 8 月召开的全县党的基层组织工作会议上，习近平说，搞好领导班子的自身建设，要解决好政治路线也就是政治立场问题，解决好共产党员如何全心全意为人民服务的问题，解决好党的组织生活不健康、不正常的问题，解决好涣散软弱问题。

一些党员长期消极落后，只挂党员牌子，不起党员作用。针对这个问题，习近平提出，党员要搞好"三个对照"：对照党章的要求，看自己够不够一个合格党员；对照先进党员、英雄模范，看自己思想上和行动上有哪些差距；对照入党誓词，看自己是否真正履行了入党誓言。

接下来，按照习近平的要求，各公社各单位组织专门人员，对领导班子和干部党员的状况及需要解决的问题进行了深入的调查分析。在调查研究的基础上，立即着手进行有针对性的教育。

在习近平的大力推动下，一系列制度和措施开始实施。每月召开一次党小组生活会、上一次党课；每季召开一次支部党员大会、领导班子生活会；每年以公社和局为单位，进行两次党员普训，党委、党组成员每季至少讲一两次党课。

群众看党员，党员看干部，干部看支部。

小马村党支部把主要精力用在发展商品生产上，村里富了，一些人开始给党支部挑毛病："整天抓商品生产，党的路线还要不要？""天天念'富'字经，社会主义还搞不搞？"

面对这些糊涂认识，村党支部召开党员会展开大讨论。习近平从 40 里外的县城赶来，亲自给党员们上党课，解决了他们的思想认识问题。

习近平的支持和引导使大家明白了这样一个道理：国富民强，

就是党的路线；尽快致富，就是走社会主义道路。

正定原来的 2051 个农村党小组是以生产队为基础建立的。习近平发现，农村合作经济不断发展，党员相对分散，党小组开展活动出现困难，党的"三会一课"制度难以正常坚持。

1984 年 8 月，他指示县委组织部本着有利生产、便于活动的原则，对全县的农村党小组进行了全面调整。

乡镇企业按摊点建组 397 个，一般农户按居住方位建组 1569 个，"两户一体"和村办摊点建组 274 个。全县共建党小组 2240 个，比原来增加 189 个。

农村党小组的调整为过好党的组织生活创造了条件。全县以党小组为单位开展了"党员联系户"和"创先争优"活动，组织党员搞好扶困帮贫活动，带动群众发展商品生产，一人带几户，一组带一片，党组织的战斗堡垒作用和党员的先锋模范作用得到了很好的发挥。

习近平对党员干部的理论学习抓得很紧。县委中心组的学习，每个星期都不间断。每月举办一次县直机关、乡镇党委领导干部理论辅导会，每次几百人在县人民礼堂参加辅导。参会签到很严格，哪个局、哪个乡来得全，哪个不来或来得少，都要给习近平汇报。对松松垮垮、不认真参会的，县里要发通报批评。理论辅导会的讲稿，习近平还要把关。

一把手必须带头学，对做得不到位的，习近平直接点名批评。

有一段时间，县经委主要领导因为拉项目经常往外跑，单位的学习抓得不紧。在一次大会上，习近平点名说："不重视学习，不参加学习，这坚决不行。以后得按规定认真学，做到学习教育与部门工作同进。"

为了加强党员干部的学习教育，深化对中央重大方针政策的理解，习近平曾多次对全县正科级干部进行考试。

考试前，县委办先通知各乡和县直单位的一把手，明确考试内容，让大家自学。然后，选择某一天，把大家集中在县委会议室，发考卷进行考试。考卷上的题目是习近平亲自确定的，主要考如何理解中央某项重大方针政策，以及如何结合实际贯彻落实。考完后，习近平亲自审阅试卷，但是不打分、不公布成绩，而是针对考卷上暴露出的问题，专门开会讲解。大家都觉得这种方法很有效果。

不断发展新党员，是保持党的活力和朝气、提高党的战斗力的重要措施。对这项工作，习近平始终抓在手上。

"老俞，咱们出去散散步吧！"1984年5月的一天，吃过晚饭，习近平和县计委副主任俞万棋并肩走在江苏省南通市的林荫便道上。早些时候，习近平听说刚从工厂提拔上来的俞万棋对入党有些想法，一直苦于没有时间谈。这次他们一同来江苏考察，正是个好机会。

"你对入党有什么想法？"

"我现在还不想入。"

"为什么？"

"现在党内还有不正之风，但是，我将按一个党员的标准去为人做事。"

"端正党风，民心所向，匹夫有责。独善其身，可爱而不可颂。先进分子加入党的队伍越多，党内健康力量就越强大，不正之风就更没有藏身之地。"

开诚布公，有来有往，平等友好，一起探讨。经过一个多小时真诚而热烈的讨论，老俞终于心悦诚服。不久，他就向党组织递交了入党申请书。

一位老教师出身富农，30多年来，尽管他兢兢业业工作，多次被评为先进工作者，但仍被拒在党的大门外。

习近平指示组织部门组成调查组，经过半月调查，证明其符合入党条件，批准他为中国共产党预备党员。

一难排除，全县震动。两年内，正定发展知识分子党员164名，占同期发展党员总数的40%。

刹住吃喝等不正之风

1984年底，根据习近平的意见，正定县委办公室、县政府办公室印发了一份通知。

各乡（镇）、县直各单位：

当前，我县的外事交往比较频繁。县政府关于接待的问题已发过文件，并作了补充规定。但是，仍有的单位和部门，对此却置若罔闻，我行我素。一是不加区别，盲目招待，每有人来，必有酒席；二是招待标准逐步升级，越抬越高，招待次数也有增无减；三是陪客人员日渐增多，成为"罗汉陪菩萨——

宾少主多"。这些问题必须立即纠正。根据县委县政府领导意见，特重申以下两点：

一、凡属上级来人检查指导工作，以及赴我县参观人员，一律不准招待。

二、陪餐人员要压缩到最低限度。

总之，既要防止吃喝风的蔓延滋长，又要注意不失礼节热情接待。

望从严掌握，认真执行。

一九八四年十二月十四日

随着改革不断推进，出现了钻改革空子发不义之财、巧立名目大吃大喝等新的不正之风。

"刹住新的不正之风没有气势不行。"习近平说。

吃喝风刚冒头，在习近平的推动下，县里就作出规定，机关干部、事业单位干部不准用公款吃喝，单位之间也不准互相宴请。

执行了一段时间后，有的同志提出，正定要改革开放、招商引资，客商要来投资、置业，客人来了怎么办？

习近平针对大家的反映，让县委和县政府作了补充规定。客商来了可以招待，上四菜一汤，以当地小吃为主，不准上高档菜，不准上烟酒。

但执行不久，发现了问题：人家客商来一两个人、两三个人，单位陪客的七八个、十来个。于是又作了补充规定，陪客人数不准多于来客人数。

经过一段时间，又出现了新问题。随着正定各项事业取得长足进步，创造了很多好经验，全国各地来正定取经学习的人很多。学习考察团多的有二三十人，这样一来，陪客一比一又不合适了。习近平又作出规定，陪客人数一般两三人，最多不能超过五人。

这项规定出来以后，再经过县纪委认真检查各单位的执行情况，县里的招待实现了规范化管理。

在习近平倡导下，四菜一汤逐渐成为正定县待客的标准。接待来客的"正定宴"出炉了，主要是荞面扒糕、猪头肉、缸炉烧饼和馄饨，都是当地的特色，物美价廉。

习近平在正定工作时常说，针尖大的窟窿能透过斗大的风，作风建设一定要防微杜渐。他反复强调，一定要做到有令则行、有禁则止，给全县党员干部留下了深刻印象。

1984 年，县里准备上一个项目，技术人员都是习近平请来的专家。一次吃中午饭，县里的同志觉得专家们几天来很辛苦，中午应破例吃得好一点、上些酒水。向习近平请示后，得到的答复依然是四菜一汤。

还是这一年，中央某部委由部长亲自带队，到正定县调研。因为调研组规格高，县委办作了高标准的接待方案。

工作人员向习近平汇报，习近平仔细询问接待标准，了解了具体情况后说："这样安排是不妥当的，赶快问一下招待所，还来不来得及改，如果来不及改，我就不参加宴请了。"

县委办马上通知招待所整改，去掉了高档烟酒和高档菜，习近平才参加，他对部长说："我陪您吃一顿便饭。"

在正定工作期间，习近平向来公是公，私是私，公私分明。他的客人，绝不用公费招待，他那份，连带客人那份，全都是自己掏钱。

为刹住吃喝风，习近平对自己严格要求，对工作人员也严加约束。

1983 年 10 月 1 日，是国庆节，也是星期六。李亚平随习近平去隆兴寺，了解县文化局新班子上任后的工作情况。

晚上回到县委，习近平拿出十元钱给了李亚平，说想请假日晚上值班的人员一块儿坐坐。

李亚平拿了钱出去买了些小酒小菜，回来后，看到县委办公室副主任、秘书组组长崔时欣已经准备了一些酒菜。

"快把钱退给习书记吧。"崔时欣嘱咐李亚平。

李亚平没有多想，拿了钱就去退。崔时欣也跟过去解释说："习书记，今天的晚饭由办公室卖报纸的钱来开支，就不用您个人破费了。"

习近平听了，一下就恼了："个人吃喝怎么能用公款报账？即使是卖报纸的钱，也是大伙儿的，不能随便用。"

习近平毫不留情地说："小崔，你这种思想成问题，你要好好反省一下。"

这顿饭的所有开销，最后都是习近平花的钱。

1984 年五六月间，习近平和正定县其他四名干部一起赴江苏省三市五县参观学习经济发展经验。16 天的行程结束后，习近平找到负责路上管账的同志，要求分摊此次差旅无法下账的餐费等。管账的人最终拗不过，五个人平均分摊了交通住宿之外的费用。

1984 年夏天，习近平到朱河乡调研。他让随行的张银耀告诉乡干部，中午在食堂简单吃，不能动酒。

开完座谈会，习近平来到食堂，发现准备了一桌子菜，还摆了两瓶酒。

他非常生气，批评张银耀："不是说不喝酒吗，怎么又上酒了？"

乡党委书记连忙答话："我们觉得你大老远来了，大热的天，想让你喝点儿酒，中午休息休息。"

习近平严厉地说："撤下去！"

"习书记，都准备好了，你就吃吧。"乡党委书记还在劝说，习近平拎起包就往外走。

乡党委书记一脸尴尬，赶紧让人撤了酒，只留下几个馒头、一盘菜和一盆挂面汤，习近平才坐下吃饭。

吃饭时，他对乡干部们说："不是不让你们喝酒，你们是和基层打交道的，工作日的中午喝了酒，下午醉醺醺的，怎么做好工作？群众怎么看你们？"

他指着张银耀和乡党委书记说："在这里我给你们立一个规矩，工作日的中午一律不能喝酒。"

工作日中午不能喝酒，就这样成了一项铁的纪律。

当时的不正之风形式多样，有的改头换面，不易被人察觉。习近平明确要求，各级领导必须以身作则、带头纠正，给群众作出样子。

在三令五申狠刹公款吃喝的同时，对国家干部违规建房分房、"农转非"和招工中违反政策拉关系、"走后门"安排子女亲友等其他不正之风，习近平也毫不留情。

他说："要不怕得罪人，不当老好人，不为坏人坏事开绿灯。

没有这一条，就很难打开局面。"

1984 年 7 月发生的一件事，让习近平十分生气。

"一定要大张旗鼓地严肃处理！"那天，听完程宝怀的汇报，习近平严厉地说。

原来，正定镇胜利街的电工徐化彦掌管着这片居民区和附近单位的用电。谁家安灯，常有"三吃"：申请先吃，布线再吃，亮灯后还吃。若不照办，或是吃的档次不高，便让你有灯不亮。就是机关单位也得敲点竹杠，不然随便找个借口拉闸停电。

1984 年 3 月，街上七户群众集资 4000 元，筹建一座罐头厂，经过三个月的努力，厂房建起，设备买齐。谁知正在焊接机件的节骨眼上突然停电。大家找到徐化彦多次恳求，却无济于事。一些焊接活只好到别处去干，严重影响了施工进度。无奈，厂里只得送了百十个粽子、两瓶酒、两只烧鸡给徐化彦。礼到事成，停了半个月的电送来了。

问题虽然暂时解决，但是根源没有消除，有人到县政府告状。当时，不少电工是街道或村干部的亲属，作风蛮横，吃拿卡要，群众意见很大。

一番调查，情况属实。习近平当即决定，在罐头厂召开特别现场会。

7 月 11 日下午，在电力、工商、公安、司法等 13 个部门负责人和正定镇全部电工参加的现场会上，当场宣布开除徐化彦，依法严肃处理。

对于党内出现的不正之风，习近平态度坚决："领导干部要带头坚持党的原则，敢于抵制、纠正不良倾向和歪风邪气，遇事敢抓、敢管，敢于碰硬、敢于负责。""决不能让搞不正之风的人得到半点便宜。唯此，才能刹住新的不正之风，做到令行禁止。"

10个月内，就纠正建房分房不正之风问题，县纪委8次向县委常委会汇报，常委会作了专题讨论和研究。县林业局党组违纪建房分房，习近平了解情况后，直接深入现场调查，就地拍板，作了严肃处理，并通报全县，使问题很快得到解决。

县直某单位一把手多次利用职权谋取私利，在单位分房中多占一间，他的儿子不够招工条件，却将其招为全民所有制正式工。1985年3月，县委根据群众举报，对其问题进行调查，取消了其子的招工资格，责令其停职检查。4月5日，县委决定撤销其党内职务，县人大常委会决定撤销其行政职务。4月22日，县委将该处分决定通报全县，使广大党员干部深受教育。

1983年，正定县清退非法"农转非"23户46人；清理出18名科局级以上干部多占住房33间，10名一般干部超标住房16间，23人退出多占房或超标住房，2名高价购买。因建私房违纪受处分4名。清退非法招工19人。

1984年，正定县继续清理纠正国家干部建房分房中的不正之风，退还或加租处理54户。此外，还查出38个单位存在乱发奖金、以权降价、以权经商等问题，涉及100余人，其中判刑4人，纪律处分10余人。

九、共产党人不能总为自己的生活小事考虑

缀满"补丁"的褥子

1982 年 4 月，一个阳光和煦的中午，正定县委大院的晾衣绳上晒出一套被褥。

深绿色的军被，经过多年浆洗，颜色泛白，而且尺寸偏小，又窄又短。更引人注目的是那床褥子，上面五颜六色的三角形"补丁"如同不规则的锯齿，在明亮的阳光下格外显眼。

大院里吃罢午饭的人们围拢过来，好奇地打量。有人悄悄数了数褥子上的"补丁"，竟有四五十块之多。

"这是习书记的。"人群中有人低语，引起大家一阵惊讶。

当听说习近平的被子大小不合适、褥子"补丁"摞"补丁"后，何玉急忙找到了他。

"从招待所给你借套被褥吧，用着舒服些。"她关切地说。

"不用了，这套被褥我用习惯了。"习近平说，"军被盖起来虽短些，但有军大衣，白天穿，晚上搭脚，挺好的。"

习近平还向她讲述了褥子背后的故事。原来，褥子上五颜六色的布块，并非"补丁"，而是母亲用家里的旧衣服裁剪后拼接成的。15 岁那年，习近平去陕北下乡后，就一直带在身边。"我对它相当有感情。"他真挚地说。

故事传开，人们更加钦佩这位年轻的县委副书记。

"他是从中央大机关下来的，倒比很多基层干部还俭朴。"大

1983 年春，习近平在正定县委办公室

家说。

县委和县政府在一个大院办公，办公用房全是 20 世纪 50 年代建造的砖瓦平房，经过近 30 年的风雨侵蚀，已显得非常陈旧，春天潮湿，夏天溽热，秋天灌风，冬天阴冷。在机关大院工作的干部城内无家的，白天在办公室办公，晚上在办公室睡觉。

习近平也不例外，办公室就是他的宿舍。一桌，一椅，一书橱，两个凳子支起一块木板当床铺，加上脸盆架、暖水瓶，便是全部家当。到了冬天，则多出一个取暖的小煤炉和一个烧水的铁壶。

直到第二年初，县委新楼建成，习近平搬进二楼，条件才有所改善。一个不大的小套间，外面办公、里面睡觉，最大的变化就是一个书橱变成了两个。

那时的县委大院只有一个大食堂，按点开饭，过时不候。习近平和大家一样，每到饭点，就拿着饭盆排队。

一天早上，县委党史办工作人员李恒敏在食堂排队买早餐，回头一看，习近平排在自己身后。他马上说："习书记，您先打。"

习近平微笑着摆摆手："不客气，按顺序来。"

李恒敏买完馒头、米粥和一碟一分钱的小菜后，回头对习近平说："别买小菜了，咱们一起吃。"

习近平点了点头，买了馒头和粥后，和李恒敏在一张桌子上同吃一碟小菜，边吃边聊。

大食堂内有几张圆桌，但凳子很少，天冷时，大家买了饭站着吃。天暖后，大食堂前的槐树下就成了临时食堂。这里有水泥板搭的矮条桌和矮条凳，大家买了饭端出来，聚在一起或蹲或坐着吃。

习近平加入这个行列，很快和大家打成一片。人们和他接触后，感到他为人随和，没架子，见多识广还善谈，经常讲些新鲜事。因此，他坐哪儿吃饭，哪儿很快就围满了人，大家无拘无束，天南地北，有说有笑。

院内这个地摊式的吃饭点，夏天蚊虫叮咬，春秋尘土飞扬，但习近平却乐呵呵地和大家一起享受着老天爷给的这种"待遇"。他还总结说，这样吃饭好，一是可以边吃边聊，相互交流；二是可以互相监督，减少浪费；三是可以边吃边谈工作，可谓一举三得。

有一次，崔时欣因为忙工作误了饭点，来食堂比较晚，好在还剩有温乎的馒头和菜。等他快吃完时，习近平拿着饭盆过来了。

"习书记，你咋才来？都没啥吃的了。"

"是啊，刚从乡下赶回来，晚了。"

当时，食堂还剩一点菜和馒头，不过已经彻底凉了。

习近平打了一份菜和两个馒头，坐在那儿吃了起来。

"习书记，我给你弄点汤吧。"崔时欣说。结果他过去一看，汤已经没有了。

"没事，这有热水，我自己做个汤。"习近平倒了一大碗热水，往里面放了一点酱油，就做成了一碗汤。

崔时欣说："习书记，你可真能将就！"

因为忙于工作，习近平经常无法按时吃饭。散会晚了，从食堂拿两个馒头、一块卤豆腐，就算是一餐。有时，下乡回来晚了，食堂已经关门，他就在办公室用小煤炉煮挂面。

知道习近平生活比较艰苦，有时碰到他下乡，一些基层干部群众就把自家种的红薯、花生拿来让他带回去，但习近平总是委婉地谢绝。

他说:"每个党员必须努力改造世界观,为共产主义而奋斗。为此,必须克服形形色色的个人主义思想,自觉纠正不正之风,决不允许为了个人私利而滥用人民交给的权力,只有这样才能做一个合格的共产党员。"

1983 年冬天,因为高负荷的工作和不规律的饮食,习近平病了。一开始,他不当回事,后来病情严重了,才去看医生。

他问医生:"吃点药就行了吧?"

医生说:"不行,必须住院!"

习近平这才住进了解放军二五六医院。

县委办公室的同志们来看望习近平,一脸歉意:"我们没照顾好您,让您累病了。"

习近平说:"这点小病不算什么。共产党人不能总为自己的生活小事考虑,生活小事考虑多了,离全心全意为人民服务就远了。"

三天后,他坚决要求出院,重新投入夜以继日的工作中。

骑自行车下乡调研

县里交通工具少,县委和县政府只有两辆 212 吉普车。除非出远门或有特别紧急的事,否则习近平都是骑自行车出行。

当时自行车属于紧缺物资,凭票购买,县领导可以领取一张自行车票,但习近平主动放弃了这项福利。第一次回京探亲时,他把在北京用的旧凤凰"二八"自行车通过火车托运到了正定,车上还挂着红底白字的铭牌"北京0518308"。

1982年4月的一天，上午8点刚过，习近平就骑着自行车到了西兆通公社。

公社党委书记张五普头一天接到县里通知，正在大门口等着，看见一个人从西边过来，穿着一身旧军装，高高的个子，骑辆旧自行车。再仔细一看，没错，这就是习近平，跟县里同志电话中描述的完全一样。

他连忙迎上去问好："习书记，欢迎你来！你怎么自己一个人来了？30多里地呢，你认识道儿啊？没绕远吧？"

"没绕远，这边人多，碰见人就打听道儿。"

"过那个大沙窝，自行车可不好走。"

"那一段路，我是扛着自行车过来的。"

滹沱河穿县而过，把正定分成了河北、河南两个片区。因为道路不畅，到河南片五个公社调研，要么乘车花一小时绕道石家庄，要么骑自行车直接穿过滹沱河。宽阔的滹沱河河床干涸，沙土厚积，难以通行。

有一次，习近平和何玉骑车去河南片调研，骑到滹沱河，自行车的车轮陷在沙土里，推也推不动，骑也骑不了。

习近平拍着车把说："你天天给我服务，今天我把你扛起来吧。"说着就把自行车扛在肩上，踩着厚厚的沙土，一步步向前走去。何玉也连忙扛起自行车，跟着习近平走到河南岸。

刚到正定工作时，习近平忙于下乡调研，几个月没回北京。时逢夏季，因为经常扛着自行车过河，两件背心都磨出了好几个洞。因为没有换的，习近平只能穿着"露肉的背心"。一些不知情的人看见了，还以为是他家里条件不好。

下乡经常要走土路，好走点的是有人管理的沙土路，还有很多土路没人管，坑坑洼洼，晴天一身土，雨天一脚泥。习近平行走其间，丝毫不以为苦。他骑着自行车，奔波在乡间田野，穿梭于滹沱河的南北两岸。他对身边的同志说，骑车有三个好处：一是锻炼身体，二是接近群众，三是节约汽油。

下乡路上，他和同行的人有说有笑，还常常问这块地是哪个村的，那个砖窑归哪个村管。他说，县领导必须充分掌握基层情况，这样才能分类指导。

再忙也要坚持学习

工作再繁忙，习近平也坚持学习。

每天晚上，他处理完工作上的事务，就静下心来认真读书。他读书的时间大多是在晚上 10 点到次日凌晨两点左右。有时，下乡调研需要住上几天，他也会带上好几本书。

习近平的办公室里，各式各样的书不仅摆满书架，还堆放在办公桌和床上。

要读的书实在太多了！《论语》《资治通鉴》《浮生六记》《林肯传》《现代科学管理》《计算机程序设计》要读，讲棉花、小麦等农作物栽培技术的书要读，《大趋势》《决策学》，西方人眼里的趋势和决策方法也应该研究……

　　喜欢读小说的《河北青年》杂志社记者周伟思，在采访习近平过程中得知他喜爱读书，后来向他推荐了新出版的长篇小说《夜与昼》。待两人再次见面时，习近平说："你知不知道《夜与昼》又出了第二部？叫《衰与荣》，我已经看过了。"

　　习近平生病住院还带着两大包书。《建设日报》记者郭素芝前去看望，看到他一边看书，一边拿笔勾画、做读书笔记。郭素芝随手拿起其中一个笔记本，上面是但丁、歌德、高尔基等人的名言警句摘录，她往自己的笔记本上照抄了50条。

　　习近平学识渊博，在全县干部中有口皆碑。除了像三级干部会议这样的大会，他讲话时基本不用稿，名言脱口而出，典故信手拈来，台下听会的干部们都特别佩服他。

　　有一次，几位研究社会科学的专家到正定参观隆兴寺。习近平一路陪同，谈隆兴寺，谈正定历史，谈名人典籍，如数家珍，同行的专家无不赞叹。

　　1984年2月8日，习近平在县委工作会议上说，在目前这样一个伟大的历史性转变时期，各级领导干部都要向书本学习，向实践学习，向内行和专家学习，向老同志、老干部学习。

　　他鼓励各级干部要加强学习，增加知识储备。在他的提议下，县里为党政机关干部开办了初高中文化补习班。

　　1984年5月28日至7月28日，县委在县委党校开办了第一期后备干部进修班，培训从各乡镇、县直机关干部中选调的36名年轻干部。两个月里，学员们系统学习了中央关于家庭联产承包责任制系列方针政策、哲学、政治经济学等理论课程，以及领导方法和领导艺术等实用课程。在进修班开班和结业仪式上，习近平都到场作了讲话。自此，县委开始定期进行干部培训。

除了提倡干部读书学习以外，习近平还鼓励对职工进行培训。县机关两名电大学员的几门科目年终考试取得好成绩，习近平得知这个消息，开心地说："应当好好庆贺！"

在习近平的大力推动下，正定先后采取了办职工学校、短期训练、选送代培、在职自学四种办学形式加快提高干部职工队伍的素质。1984 年，全县 19650 名在职人员中一半以上参加了培训，其余自修学习，在全县干部职工中掀起了"学习热"。1531 名参加文化补习的干部、职工达到了初中以上文化水平，14 人获得大专毕业证书。

在正定工作期间，习近平心中有一种紧迫感，他的日程表排得满满当当。白天开会、下乡调研、解决问题，晚上研究工作、批阅文件、同干部群众交流。他几乎没有在夜里 12 点以前休息过。县委办公楼里最后一个熄灯的，常常是习近平的办公室。他说，"振兴正定"这一句话，我们是早已喊出来了，这是四化建设的大势所趋，是全县人民的共同心愿。

1984 年初的一天晚上，吴兴公社党委书记高文兴为上一个项目，到习近平办公室汇报工作。高文兴和公社主任到达的时候已经是晚上 9 点多了，习近平的办公室里还有很多人，他正和大家商量工作。看见高文兴，习近平迎出来说："文兴，先到外头等一等。"

他们就在外面的房间等候。没想到，这一等竟然等到夜里 12 点多，习近平送走最后一拨人后，才抽出时间听他们的汇报。

还有一次，高文兴到县委向习近平汇报班子建设情况。这一回，他是上午 10 点多去的，在办公室谈到中午 12 点，吃饭的时间

1984 年 7 月 28 日，习近平和正定县委党校第一期后备干部进修班学员合影

到了，还没有谈完。

习近平就叫他一起吃饭，领他到大食堂，给他买了一份菜、两个鸡蛋、两个馒头。两人坐在槐树下边吃边谈，等把饭吃完了，工作也谈完了。

上一任县委书记晚上经常加班，办公室的人员也跟着熬夜。习近平上任后，大家一度很高兴，觉得换了县委书记，该缓缓劲儿了吧，没想到这位年轻的县委书记加班更多、下班时间更晚。

虽然习近平每天晚上都要工作到很晚，但他对机关工作人员非常关心，经常嘱咐他们要多注意休息。

有时候到了晚上，他在办公室工作累了，出来转一圈，看见大家还在加班，就说："你们别太累了，早点休息吧。不要看我这儿亮着灯，你们就不走，该休息就休息。"

办公室门向群众敞开

在很多干部群众眼里，习近平是一个接地气的县委书记。

那时县委大院的大门是敞开的，许多老农背着粪筐就进来了。习近平的办公室经常有群众来访，不管是谁，他都热情接待。为方便群众找他，他的门常是敞开着的。

接待上访群众，习近平总是特别耐心，认真了解情况，帮助解决问题，或者做好劝解工作，从来不会"打发"了之。

"我们共产党人天生就是为人民服务的，联系群众是我们的本分，必须和人民群众建立深厚的感情，一时一刻也不能脱离群众，这是我们为人民服务的思想基础。"习近平这样说。

一天晚上，周伟思正在习近平的办公室里采访，突然，一位满头白发的老大娘推门进来，一把抓住习近平的手："习书记，你可要给我做主啊！"接着，哭哭啼啼地说起家里遇到的一起土地纠纷。

习近平连忙搬来一把凳子，倒上一杯热水，招呼老大娘："别着急，坐下慢慢说……"

看到这一幕，周伟思有些惊讶："正定全县几十万人，如果谁有事就直接找县委书记，还不得把人累死啊！"

那时候，社会各界给习近平写信的很多。有的工人表达自己希望为国家作贡献的热情；有的大学生表示自己一定努力学习，学成之后报效国家；有的军人希望自己复员后回家乡，为家乡建设贡献力量；还有一些普通群众表示赞赏习近平，鼓励他好好干，为正定人民作出更大贡献；也有一些反映问题的来信。所有的来信，习近平都会认真看，并以适当方式回复。

一天晚上，周伟思又来采访。一进门，见习近平手上拿着两页纸，在窗前边踱步边看。

见到周伟思，习近平神色兴奋："这是一个村里小青年的来信，骂了我们，好尖锐呢，说县委抓商品生产雷声大、雨点小，说我耍花架子。他还从四个方面提出了自己的见解。"

习近平把信递给周伟思。周伟思很快看了一遍，问："怎么答复？"

"这小子好像有点水平，想法也基本对头，闹不好还是个人才呢。"习近平说，"我派人去考察一下，如果这个青年果真不错，我们就请他出来搞村里的商品生产。"

1984 年冬季，习近平接到朱河村一位全姓群众的来信，诉说自己是朱河村的孤门小户，因宅基地纠纷受到欺负。习近平当即把信批转给有关部门研究处理。这一事情很快得到了合理解决。

小客村党支部书记祁文芝曾给习近平写信，反映本村老党员苏印章的困难。老人 1937 年入伍，1938 年入党，但后来证明文件全部丢失，落实待遇有困难。他孤身一人，生活不易。

接到来信，习近平立即让县民政局派专人调查速办。情况调查清楚后，老人的党员组织关系补上了，该享受的待遇也落实了。后来到小客村调研，习近平还专门去家里看望老人，嘘寒问暖。苏印章临终时，拉着村干部的手说："我不姓苏，我姓党，共产党好！"

习近平还经常搞现场接访，群众有什么冤情，反映什么问题，只要合情合理，他都会当场拍板，立刻安排相关部门调查解决。

平时，见到县委大院的门卫、炊事员、清洁工、临时工，习近平都主动打招呼。大家见到他，一点也不拘束，都会主动喊他："习书记！"就像喊自己的朋友一样。

习近平下乡，总是很自然地和农民一起坐在地上、石头上，和他们聊庄稼活儿，拉家常。到农户家，老百姓拿饭碗端水给习近平，他接过来就喝，没有丝毫的犹豫和嫌弃。

一次，习近平和县委办公室的几位同志到永安公社下乡。在一块棉花试验田里，全县闻名的种棉能手冯玉明正在地里忙碌。

习近平支好自行车朝他走过去，一把握住冯玉明的手说："冯伯伯，您好，我今天是来跟您学习种棉花的！"

听了随行人员的介绍，冯玉明顿时有点手足无措，忙不迭地说："别别别，你是领导，可不能这样称呼。"

"冯伯伯，您别跟我客气，以后您就是我的老师了。"

后来，习近平跟着冯玉明学习种棉花的技术，他们也成了忘年交。

尊老敬贤讲团结

随着机构改革，一大批老干部退出一线，把担子交给中青年干部。但是，以什么样的感情和态度对待老干部，社会上有一些错误的认识。有的把照顾老干部当成一种"负担"，还有的反映，上边对老干部照顾得太宽了，甚至有的把照顾好、安置好老干部看成是搞特殊化。

针对这些错误认识，习近平予以批评。他说，清人郑板桥有诗云："新竹高于旧竹枝，全凭老干为扶持。明年再有新生者，十丈龙孙绕凤池。"中青年干部的成长亦是同理。老干部的言传身教、扶持帮助，对于新干部来说不可缺少。中青年干部唯有实心实意地尊重老干部，才能在新老干部之间建立起一种真诚融洽的团结合作关系，从而携手并肩，共同把党的事业推向前进。

习近平常常利用节假日到老干部家里串门。他经常不带县委办公室的人，一个人直接就去老干部家里拜访。

正定县有几位 1938 年以前参加革命的老干部，人称"三八式"干部。习近平常说："这些老同志，咱们比得了人家吗？日本鬼子大举侵略中国，这些老同志在那个时候参加共产党，为中华民族求解放出生入死。他们入党干革命，是九死一生。他们这种无私为人民的精神，咱们应该用一生来学习。"

担任过正定县委副书记的宋联捷就是一位"三八式"干部，在抗日战争中参加过地方武装。

习近平经常到家里去看望他，对他说："你有啥事，就尽管跟我说。如果你要上石家庄看病，咱们有一辆吉普车，优先给你用。"

宋联捷当时已经 70 多岁了，家住得比较远，习近平就安排有关人员把他的家搬到县委门口的马路南边，方便县委的同志们照顾。宋联捷心中感激，常常对人念叨："像习近平这样革命的好后生、人民的好干部，难找！"

习近平多次对县老干部局的工作人员说，老干部是党的宝贵财富，把他们安排照顾好，使他们健康长寿、安度晚年，是我们义不容辞的职责。关心老干部，就要少讲空话、多办实事，多给他们送温暖、送方便。

在习近平的大力推动下，正定进一步健全了老干部工作机构。县委成立了老干部工作领导小组；县直机关及各单位凡离退休老干部人数多的，设专人负责老干部工作，人数较少的单位设兼职人员；各公社由一名副书记负责，吸收卫生院、供销社、粮站的领导参加，组成老干部管理小组，负责该公社的老干部工作。县委每年对老干部工作进行一次大检查，老干部办事机构每半年进行一次检查。

"在安排老干部工作中，气魄要大一些，该花的钱必须花，该花费的人力、物力必须花费。"习近平要求。

他坚持把县委的 212 吉普车优先给老干部使用。老干部没有活动场所，他和县委一班人商定，把县委和县政府合用的大会议室腾出来，改成老干部活动室。

许多老干部在长期革命斗争中积劳成疾、体弱多病，习近平认真研究解决他们的医疗保健问题。

县里对老干部看病实行优先就诊、优先取药、优先住院，建好老干部病房、病床，对重病和行动不便的老干部负责巡诊，送医送药到家。每年安排老干部体检，并建立老干部健康档案，发现疾病及时治疗。

1984 年农历正月十六，是县文化馆主办的正定传统的风筝节。这天，习近平得知很多老干部去南门外参加风筝比赛，他特地赶到南门外广场，给老干部们助兴。

团结是班子建设的重要问题，一个好的领导班子，要善于团结协作，真正做到讲团结、会团结。对此，习近平认识深刻。

得知张银耀毛笔字写得不错，习近平让他写了一幅字挂在办公室的墙上：周而不比，和而不同。这两句话出自《论语》，大致意思是君子善于团结自己周围的人但不拉帮结派，能够求大同但又允许不同的意见存在。

习近平在正定工作期间，全国著名劳动模范吕玉兰一直担任县委副书记。她不仅在县里减征购等工作中全力支持习近平，还在生活上关心习近平，惦记着他的饮食起居，常从家里拿来鸡蛋、挂面、点心给他，劝他按时进餐，加强锻炼。

习近平也把吕玉兰当作大姐姐，十分尊重她，放手依靠和支持她的工作。吕玉兰在河北农业大学学习期间，不能经常回县里，习近平就利用吕玉兰星期日回家休息或来机关的短暂时间互通工作情况。

1983年12月，习近平写信给吕玉兰，向她通报情况，征求她的意见。

玉兰同志：

你好！很久没有联系了，望谅。

……从十一月初至今，四十多天时间主要在搞县直机构改革，现已基本结束。下一步还要做公社建乡准备，争取春节前建成。

需要县里做什么事，请打招呼。今后各方面情况定期函报……

习近平是正定县历史上最年轻的县委书记，他和程宝怀、吕玉兰等同志团结务实、开拓进取，为正定经济社会发展和人民生活水平的提高殚精竭虑，在工作上真正做到了合心、合力、合拍，赢得了干部群众的一致好评。

十、我爱自己的第二故乡

"习书记，明天我去辛集开会，你还有啥嘱咐的不？"1985 年 5 月的一天，何玉走进习近平的办公室，按照老习惯汇报自己的工作行程。

"我没啥嘱咐的了。"令何玉意外的是，习近平紧接着又补上一句，"今后也嘱咐不了你了，因为明天我就要调走了。"

"调走？去哪儿啊？"何玉愣住了。

1985 年 5 月底，习近平接到组织通知，调往福建工作。

像何玉一样，正定县委大院里的绝大多数人都是在习近平临行前一天才得知这一消息。他希望，当初自己悄悄地来，走时也不要惊扰大家。

要离开工作三年多的正定，习近平的心中有着诸多牵挂与不舍。

他放心不下北贾村小学的孩子们。

"这点儿钱留下给孩子们买图书吧。"临行前一天，习近平再次来到北贾村小学，询问学校还有什么困难，临走时，他从上衣兜里掏出一沓钱递到校长王正安手里。

王正安推让了半天才接过来。等习近平离开，他和总务主任一起数了数，10 元面额，整整 20 张，相当于当时县处级干部三个月的工资。

他放心不下的还有老干部们。

临行前一天，习近平还同县里的老干部们进行了座谈，询问大家生活上有什么问题需要解决。直到会议结束时，他才告诉大家自己调走的消息。

会场一下子安静了。回想起过去三年来大家获得的政治上的尊重、生活上的照顾和精神上的关怀，老干部祁永眼圈红了："习书记，我们可不愿让你调走哩。"

这一天，习近平步履匆匆。

"隆兴寺的保护修复还得抓紧啊。"他走进古木参天、翠柏环绕的隆兴寺，嘱咐正在方丈院工作的古建筑工程师聂连顺。

"现在工业上几个项目刚刚开头，像电子元件厂引进日本生产线这些项目一定要抓好。"他把刚刚调任县经委主任的李亚平叫到办公室，细细嘱咐。

"习书记，听说你要调走，我来看看你。"黄春生听闻消息匆忙赶来。

"春生，正好，咱们合个影留作纪念。"

一直忙到深夜，习近平才腾出时间约见老朋友贾大山。两人长谈到次日凌晨3点，分手时，他送贾大山到县委大院门口，两人眼含热泪、难掩别情。

分别在即，长夜无眠。张银耀终于等到习近平送走最后一位客人，忍不住"埋怨"起来："以后可不能老熬夜了，一定得注意身体啊！"

再多的牵挂也挡不住告别时刻的来临。

第二天早上7点多，习近平想趁大家还没上班就走。可没想到，刚出办公楼，就看见院里已经站满了前来送行的人。

人群中，有他帮助过的企业家，有他来正定后结交的农民朋友，有和他朝夕相处的同事，也有县城附近村里的乡亲们。

"近平，到了外头可别忘了我们，一定回来看看啊！"吉普车缓缓启动，驶出县委大院，人群中传来这样的叮嘱声。

1985年5月，习近平离开正定前，同黄春生（前排左一）等3位劳动模范和3位结对帮扶户人员合影

习近平在车里频频挥手："我一定会回来看望大家。"

吉普车沿着 107 国道一路向北，车窗外，麦浪翻滚，田野金黄。

1982 年 3 月至 1985 年 5 月，习近平先后任正定县委副书记和书记，写下了他从政的第一笔。这是不同寻常的三年，非同一般的三年。

在这里，他第一次走上领导岗位，第一次尝试把过去积累的经验运用到工作中去，把对人民的深厚感情倾注到工作中去。他和正定人民一块苦、一块过、一块干，走遍了全县每一个村子，大到规划县里的发展战略，小到落实农村老党员的党籍，都倾注了极大的心血和情感。

如果说在梁家河时的习近平对农村已经有了感性认识，那么，在正定时的习近平对农村已经开始了理性思索和治理实践。

一千多个日日夜夜，他秉持为民情怀，坚持把百姓的事放在心里，抓住人民群众最关心、最直接、最现实的利益问题，整修危旧校舍，改善办学条件，改造农村连茅圈，解决群众卖奶难、卖菜难，让群众看到了变化、得到了实惠；

他始终勇于担当，抓实事、求实效，跑省进京反映人民心声，顶住压力推动减征购，多方筹资建起荣国府、修复隆兴寺，用实际行动做到"说一件，干一件；干一件，成一件"；

他坚持改革创新，在全省率先推行大包干，摘掉"高产穷县"帽子，为企业松绑放权，推出了在全国产生影响的"人才九条"，带领正定干部群众为城市服务、"掏城市腰包"，走上"半城郊型"经济发展新路；

2013 年，习近平在河北调研期间，看望曾在正定一起工作的老同志

正定古城新貌

他努力扩大开放，主张构建开放型经济格局，把买卖做到全国，赴美国考察农业，在他的大力推动下，正定打开封闭的大门，拆掉思想的围墙，迎接八面来风；

他重视作风建设，主持制定改进领导作风"六项规定"，大力整治"文山会海"，狠刹吃喝等不正之风，严以律己，清正廉洁，尊老敬贤讲团结，办公室的门始终对群众开放；

……

1982 年到 1984 年，正定的工农业生产总值和农民人均收入均翻了一番。习近平离任时的 1985 年，正定已由"高产穷县"变成全面发展的先进县。

离开正定一年后的 1986 年，习近平给已调任石家庄地区行署副专员的程宝怀写了一封信，信中说："正定的工作请你多关照，那里有你、我、老书记等人的汗水。我的经验少，许多工作没有做好，今后离得也远，请你和地委、行署领导同志多帮助，使正定发展建设得更快些。"

在习近平看来，过去工作过的地方、努力过的地方能够不断发展，就是感觉最幸福的时刻。他说："我对燕赵大地充满深情。不只因为我在这块土地上工作过，更是因为这是一块革命的土地、英雄的土地，是'新中国从这里走来'的土地。"

习近平对正定这片热土知之深、爱之切，如其所言："正定是我的第二故乡"，"我爱自己的第二故乡"。

图书在版编目（CIP）数据

让群众过上好日子：习近平正定足迹／本书编写组编著．— 北京：

人民出版社；石家庄：河北人民出版社，2022.6

ISBN 978 - 7 - 01 - 024675 - 8

I.①让…　II.①本…　III.①习近平－特写　IV.①K827=7

中国版本图书馆 CIP 数据核字（2022）第 052939 号

让群众过上好日子——习近平正定足迹

本书编写组

责任编辑　任　民

出版发行　人民出版社（北京市东城区隆福寺街 99 号　邮编　100706）

河北人民出版社（石家庄市友谊北大街 330 号　邮编　050061）

印　　刷　北京新华印刷有限公司

开　　本　710 毫米 ×1000 毫米　1/16

印　　张　14.75　插　页　3　字　数　160 千字

版　　次　2022 年 6 月第 1 版

印　　次　2022 年 6 月第 1 次印刷

《让群众过上好日子》《闽山闽水物华新》《干在实处　勇立潮头》《当好改革开放的排头兵》（套装）

书　　号　ISBN 978-7-01-024675-8

总 定 价　356.00 元（全五册）

发行电话　（010）65289539　84095121

版权所有·侵权必究

如有印装质量问题　请拨打电话　（010）65250042